故事课 1

说故事的人最有影响力

THE LESSONS OF STORY

许荣哲/著

北京联合出版公司
Beijing United Publishing Co.,Ltd.

目录

笨拙的人讲道理
聪明的人说故事

推荐序

文 / 罗振宇

THE LESSONS OF STORY

我曾经看过一个故事。

一个失明的老人坐在一栋大厦的台阶边乞讨，旁边的纸板上面写着："我是个盲人，请帮帮我。"

他是那么可怜，可是路过的人却很少回应他。

一个漂亮女孩子从他旁边走过，突然回身，把老盲人的纸板翻过来，唰唰写下了一行字，然后离开。

奇迹发生了——人们纷纷把硬币放到老人跟前。

长日将尽，女孩再次路过，老人摸到熟悉的鞋子，问她："你在我的纸板上写了什么？"

女孩答："同样的话，只是用了不同的语言。"

她写的是："这真是美好的一天，而我却看不见。"

在我看来，"我是个盲人，请帮帮我"是道理。而这个聪明女孩写的——是故事。

故事，不是编造的用来消遣娱乐的奇异情节，而是制造把人们带入其中情境，让他们跟着你一起呼吸、心跳。

故事是人类历史上最古老的影响力工具，也是最有说服力的沟通技巧。

未来的一切产业都是媒体产业。未来的广告、营销、游戏，甚至更广泛的职场和商业领域，都要求人人必须擅长说故事，能不能在三分钟内打动面试官、合作伙伴、投资人或者消费者，说好故事很重要。我们永远记得乔布斯在苹果的产品发布会上侃侃而谈的样子，他不是在向我们推销3C 产品，而是用故事来营销一种价值。

可是很多人都在发愁：我不会说故事啊，我没有天赋。

我们中国人有一个巨大的认识误区——文章本天成，妙手偶得之。

关于说故事，我们好像更相信它是天才灵感突现的结果，不可复制，更没有规律可寻。所以我们的大学里，即便有写作课，教的多半是应用文的写作规范。但在美国，哈佛大学把写作课作为全校唯一的必修课。在其他很多名校，也都开设“虚构写作课”，教给学生说故事的心法和技巧。而学这门课的，可不光是想当作家的学生。

说好故事，其实是有套路的，只是你之前不知道。

许荣哲就是那个把制造故事和使用故事的秘密揭开给你看的人。这本书，看到目录就觉得很心动——

如何用三分钟说一个完整的故事？

如何用一分钟说一个精彩的故事？

甚至，如何用十秒钟说一个说服人的故事？

原来，说故事也可以通关打怪，一路升级，而许荣哲就是身怀绝技的高人。而且，这个高人还愿意从旁点拨，把武功秘籍分享给你。我们普通人，就赶紧偷着乐吧。

笨拙的人讲道理，而聪明的人，会说故事。

世界是你的，去拿它

序

THE LESSONS OF STORY

关于影响力，我最喜欢的故事是底下这一个。

二十四岁以前，前往我的家乡下营，需要参考坐标——要用知名度高一级的麻豆和新营来导航，否则无法抵达。

“下营，位于麻豆和新营中间。麻豆，中秋月饼的好伙伴，柚子的故乡；至于新营不用介绍，因为有火车经过。”

事实上，下营不只流着海盗的血液，同时也散发着神明的仙气。但小时候，没人告诉我这些，所以我一点也不尊敬它。

二十四岁之后，我开始说故事，装神弄鬼的开关被打开了，参考坐标变成了海盗和神明。

介绍家乡时，我会故作神秘：“呼，那个地方啊，恐怖喔，杀人县、会赢乡、赢钱村。”（台南县、下营乡和营前村的闽南语发音。）

“杀人？赢钱？这是海盗住的地方吧？”

“没错，我的家乡下营确实跟海盗有关。”

下营周遭，柳营、林凤营、中营、新营、左营……这些名字里带有“营”的乡镇，大都是当年郑成功军队来台驻扎、开垦的地方。

“你的意思是……郑成功是海盗？”

“错、错、错，郑成功不是海盗，他的老爸郑芝龙才是。”

一半商人一半海盗的郑芝龙，后来投降明朝，明朝覆亡之后，被接续的政权清朝诱降。清朝利用郑芝龙，希望他儿子投降，但郑成功一直不从。

“所以我们是海盗的后代！”

除了弄鬼，我也喜欢装神，像明朝的开国皇帝朱元璋一样。

下营最著名的地标——“玄天上帝庙”，当地人像喊自己的爹一样，亲切地叫祂一声“上帝爷”。

上帝爷是郑成功从大陆带来的，但源头在朱元璋身上。

话说，元朝末年，朱元璋和陈友谅，争夺天下。

打了大败仗的朱元璋，一个人往武当山逃，在后有追兵的情况下，远远看到前面有间破败的小庙，想都没想就冲了进去——没想到门口结满了蜘蛛丝。

躲进供桌底下的朱元璋，抹了抹脸上的蜘蛛丝，心都凉了，因为追兵一到，看见门口破碎的蜘蛛丝，肯定会进来搜索。

看来今天就是命丧之日，朱元璋悲从中来，忍不住哭了。

朱元璋一哭，庙里突然传来笑声。他一惊，左看右看，根本没人啊。随后，他再哭，庙又笑。抬头一看，笑声居然来自庙里的神明。

朱元璋赌气说，万一今天他有命活，明天就把庙拆了。

随后，追兵到了。正当小兵要进庙搜索时，立刻被大将军喝止："你是笨蛋吗？庙门口布满密密麻麻的蜘蛛丝，这代表庙里没人！"

怎么可能，蜘蛛丝不是被自己撞毁了吗？朱元璋摸一摸脸，蜘蛛丝全不见了。

抬头看着神明，祂又笑了。

逃过一劫的朱元璋最后当上皇帝，为了感念小庙神明的相助，于是下了一道圣旨，封祂为明朝的"开国神明"，并升级为"玄天上帝"。

这个故事怎么来的？

我个人认为最靠谱的说法是：历代君王皆世袭，老子传儿子，但朱元璋是一介平民，为了给自己一个正当性，他编造了这个故事，用来告诉百姓，他的皇位是神明赐予的。

凭着玄天上帝的故事，朱元璋瞬间逆转胜，而且是浑身发光的那种逆转胜。

不喜欢自己的故事，可以，那就为自己打造一个喜欢的故事。

朱元璋用故事改变了自己的命运：老天爷不给他皇帝命，他就自己说一个——神明命。

同样地，不认识我的家乡，没关系，那我就为你说一个难忘的故事。

从此，下营不只是我一个人的下营，它同时也是海盗的下营、神明的下营，更是你的下营。

世界是你的，但你必须自己去拿。

至于怎么拿？

说一个有影响力的故事。

Ps. 我很会说故事，是因为我很会听故事，尤其是听巨人说故事。

这些巨人是《影响力》的作者罗伯特·西奥迪尼，《创意黏力学》的作者奇普·希思和丹·希思，《故事要疯传成交就用这 5 招》的作者火星爷爷……

站在巨人的肩膀，我也成了巨人；现在我蹲下来了，你可以踩上我的肩，成为下一个巨人！

三分钟
说一个完整的故事

1

THE LESSONS OF
STORY

1

靶心人公式

在课程正式开始之前，我要先夸下海口，那就是上完这堂课的朋友，每一个人都可以在三分钟之内，说一个完整的故事。

如果上完这堂课，还是说不出故事呢？

这时，你有两个选择：

一、从此不再上许荣哲的“故事课”，因为你被骗了。

二、继续上下一堂课，因为你抓到感觉了，只是还需要一点时间好好练习。

现在让我们正式开始——

首先，让我来告诉各位，“许荣哲”，也就是我，是谁？我是怎么开始学会“三分钟说一个完整的故事”的。

1998 年，我在台湾地区的台湾大学读研究所，研究的是水库操作。那一年，为了从枯燥的硕士论文里逃出来，我一边写论文，一边到电视台学编剧，没想到竟意外改写了我自己的人生。

我永远记得编剧班的第一堂课是“故事的公式”。

台上的老师是个七十多岁、拥有三十多年编剧经验的老编剧。他站在台上，自信满满地说，只要问自己“七个问题”，就可以在三分钟之内，立刻说出一个“有头、有尾、有冲突、有转折”的完整故事。

三分钟？一个完整的故事？怎么可能，骗人的吧！

老编剧继续说，当他教完这个公式之后，每个人都要上台，说三分钟的故事。说不出来的人，就直接到柜台去，把报名费九千块除以二等于四千五百块领回去，从此以后不要再来了。也就是直接退学，并且没收一半的学费。

老编剧说，你们想当编剧，我都告诉你公式

了，你还不会用，那我们最好不要浪费彼此的时间。但你已经浪费我一堂课的时间了，所以没收一半的学费。

第一堂课就被威胁，很有可能会被退学，大家的脸都绿了。

随后，老编剧传授我们，三十多年编剧生涯教会他的“故事的公式”。

所谓“故事的公式”，其实就是问自己“七个问题”。

第一个问题：主人公的“目标”是什么？

第二个问题：他的“阻碍”是什么？

第三个问题：他如何“努力”？

第四个问题：“结果”如何？（通常是不好的结果。）

第五个问题：如果结果不理想，代表努力无效，那么，有超越努力的“意外”可以改变这一切吗？

第六个问题：意外发生，情节会如何“转弯”？

第七个问题：最后的“结局”是什么？

把上面的七个问题简化之后，就可以得到故事的公式：

1. 目标→2. 阻碍→3. 努力→4. 结果→5. 意外→6. 转弯→7. 结局

不管小说、电影，还是漫画，只要它的核心是故事，大部分都有类似的戏剧结构。

真有这么神奇？不信我们挑一部耳熟能详的小说来验证一下。

我们举“科幻小说之父”，法国小说家儒勒·凡尔纳的代表作《八十天环游世界》为例。

1. 目标：主人公霍格跟朋友打赌，他要在八十天之内环游世界一周，以双方全部财产作为赌注。就这样，霍格从英国伦敦出发，展开他追赶时间的旅程。

2. 阻碍：

一、霍格被误认为银行大盗，所以沿途遭警察用各种方法阻拦。

二、霍格是个软心肠的好人，常出于各种善意，而耽误了行程。例如他从印度婆罗门教徒手中，救了一个即将被陪葬的印度女孩。

3. **努力**：主人公用尽各种方法追赶时间，例如冒着生命危险，乘坐大象抄捷径走进死亡丛林，乘坐火车强行飞越底下是滚滚河水的断桥……好几次都差点丢了性命。

4. **结果**：环游世界一周，回到英国伦敦。霍格一共花了八十天又五分钟，也就是输掉了比赛。

5. **意外**：令人意想不到的是……根据出发地英国伦敦的日期显示：霍格只花了七十九天又五分钟。（不是八十天又五分钟吗？怎么突然变成七十九天又五分钟？）

6. **转弯**：情节大逆转，因为地球“自转”，造成了各地时间不一，形成了所谓的“时差”。所以当霍格往东走，绕地球一圈，所花费的天数就会减少一天。反之，如果往西走，则会多出一天。

7. **结局**：主人公霍格不仅赢得最后的比赛，还因为好心肠，而抱得美人归。

小说家儒勒·凡尔纳当年创作《八十天环游世界》时，肯定没学过“故事的公式”，但何以会有如此惊人的巧合？其实不是巧合，而是隐藏在故事里的内在逻辑，都有一张大同小异的相似脸孔。

褚橙翻身

学完编剧之后，我的内心无比激动。原来每个人都有说故事的天分，只要遇到对的人，就能把故事的开关打开。很幸运地，你们遇到了我，我要来打开你们的故事开关了。

现在，我把当年学到的“七个问题的故事公式”，改名为“靶心人公式”。

“靶心”就是目标的意思，一个人只要有了目标，接下去该做什么事，自然会一清二楚。

如果“靶心人公式”只能套用在小说、编剧上，那就太逊了。我再强调一次，“靶心人公式”可以套用在万事万物上。

没错，你没听错，就是万事万物。

那……它可以拿来营销吗？当然可以，不管卖什么东西都可以。

这么神？

就是这么神。

不信，我们举两个例子：橙子和苹果。

我们来看看别人是怎么用故事来卖东西的。

橙子和苹果，表面上，它们是两种水果，然而实际上，一个是拿来吃的，一个是拿来用的。

听到橙子，你第一时间联想到什么？没错，就是褚时健和他的褚橙。

那苹果呢？非常好，我们想的是一样的，乔布斯和他的苹果计算机。

我刚才说过了，一个是拿来吃的，一个是拿来用的。

让我们先从褚时健和他的褚橙开始。

以前的年代，好吃的东西，名声可以传几十里，大街小巷都知道。

但在这个互联网的时代，有“故事”的东西，名声可以传几百几千几万里，不只是全国上下，甚至海内外都知道。

我们来举个著名的例子——褚橙。

我这辈子从没吃过褚橙，但我每次到大陆，都有朋友跟我提到褚橙的故事，他们不是告诉我，褚橙有多好吃，你一定要去尝一尝；而是告诉我褚橙的故事有多么传奇、多么感人、多么励志。

一个好的故事，就像褚橙一样，它会自己长出脚来，自己去传播，你不用为此付钱。

褚橙之所以这么有名，跟创造它的主人有关，褚橙的主人叫褚时健。

现在我们就用“靶心人公式”——七个步骤说一个完整的故事，来跟褚时健的传奇人生比对一下。

我们先来复习一下“靶心人公式”：

1. 目标→ 2. 阻碍→ 3. 努力→ 4. 结果→ 5. 意外→ 6. 转弯→ 7. 结局

好，现在把褚时健的人生套进“靶心人公式”。

1. **目标**：褚时健，一个农村小孩，目标是想要成就一番事业。

2. **阻碍**：褚时健年轻时参加过战争，当过游击队员。不是过个水、蘸个酱油那一种，而是把自己哥哥的尸体，从战场上背回来，每天跟子弹、炮火打交道的那一种游击队员。经过战火洗礼的他，养成了军人性格，既直接，又执着，常常一不小心就得罪人，连他自己都不知道。

3. **努力**：努力了大半辈子，一直到五十一岁，褚时健才好不容易当上了厂长，一个老旧、破败的小地方卷烟厂的厂长。

曾经上过战场的褚时健，不只有老鹰的眼光，还有老虎的行动力。他做了一个关键性的重要决策：跳过烟草公司，直接向烟农买货。紧接着，绕过供销局、地方烟草局，自己铺设专卖店，自己卖货。

4. **结果**：自己买货、卖货的结果，褚时健在十八年内，为国家创造了九百九十一亿元的税收，成了中国的“烟草大王”，全国最红的国企红人。当时，连国家领导来视察烟厂时，都忍不住对褚时健说：“老褚，你开的根本不是烟厂，而是印钞厂啊。”

5. **意外**：一封突如其来的匿名检举信，把褚时健从天堂打入地狱。

褚时健被控贪污，这是一个不容抹杀的事实，但它是有时代背景的，一个为国家印钞票的董事长，薪水是多少？答案是月薪三千元。所以当褚时健努力了将近二十年，要把自己的权力交出去时，忍不住起了私心，私吞了三百万美元。就这样，褚时健被处以无期徒刑、剥夺政治权利终身。

这时的褚时健已经七十好几了，而且还被判了无期徒刑，怎么看，故事都应该要来到结局了。不，意外之后，就是转弯。

转弯的地方最好看了。因为那是电影的最后十五分钟，连续剧的最后一集。观众最想看的就是转弯。

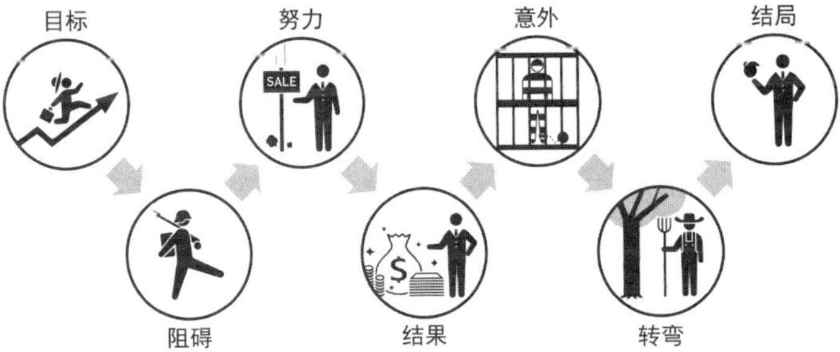

6. **转弯**：三年后，被关在牢里的褚时健因为身体不好，办了保外就医。当时的他已经七十五岁了，对很多人而言，人生已经要落幕了，但农村出身、军人性格的褚时健还在想，我可以怎么重新开始。最后他决定回云南老家，承包两千四百亩的荒山，开始种橙子。

7. **结局**：十年后的他，现在叫“橙子大王”，他种的橙子叫“褚橙”，每年创造数千万元的营收。人们抢着吃他种的橙子，倒不是因为多好吃，多美味，而是它多么地传奇、多么地励志啊。现在很多学生参加大考时，都要来一颗“褚橙”，因为那代表着不管处在多么恶劣的环境下，我们每一个人都有“翻身”的机会。

吃着褚橙，心头想起褚时健，味道就不一样了。吃着吃着就忍不住流下泪来，眼泪流着流着，就生出勇气来，流着泪勇敢地面对人生的困境。橙子这种水果有这种神奇的功效吗？当然没有，这种神奇的功效来自故事。

这就是故事的魅力。

“靶心人公式”，用七个步骤，三分钟说一个传奇的故事。

乔布斯的英雄旅程

现在，你是不是觉得自己好像……会说故事了？

好像？那就是还不会。

不急，吃完橙子，大概有六成功力了；现在改换吃苹果，让我们把功力提升到八成。

近几年，苹果公司的电子产品横扫 3C 市场，原因跟它的创办人乔布斯大有关系。乔布斯的人生跟褚时健一样，充满了传奇色彩。但乔布斯有个强项，是褚时健望尘莫及的，那就是……乔布斯本身就是个善于说故事的人。

举个例子。当年，苹果还是一颗小樱桃的时候，需要一位新的CEO。乔布斯把目标锁定当时任职百事可乐的约翰·斯卡利。

他对约翰·斯卡利说："你是想卖一辈子糖水，还是跟我们去'改变整个世界'？"

就这么短短两句话，约翰·斯卡利被乔布斯说服了，他答应去苹果公司，出任CEO。

"你是想卖一辈子糖水，还是'改变整个世界'？"这两句话就是乔布斯最擅长的说故事模式，后人称它为"现实扭曲力场"。

关于"现实扭曲力场"，我们以后再来好好聊一聊，现在先回到乔布斯的"靶心人公式"。

1. 目标：乔布斯的人生目标是什么？答案正是他对百事可乐的约翰·斯卡利说的"改变整个世界"。这个目标也太大了吧？正因为大，乔布斯才足以成为传奇。

2. 阻碍：乔布斯的母亲未婚生子，因此小乔布斯一出生就过继给养父养母。

乔布斯的养父母是卖二手汽车的商人，他们一辈子没上过大学，不像比尔·盖茨有富爸爸、富妈妈。

学生时代的乔布斯头脑很好，但不擅长学习。大学才读了六个月，就因为家里穷而休学，一年半后正式退学。

3. 努力：乔布斯本身并不会开发计算机，但那一点都不重要，重要的是他成功说服了他的朋友“斯蒂夫·沃兹尼亚克”，把他设计出来的计算机，拿出来卖。当年，计算机还不是商品。当乔布斯的同侪还在大学里读死书，二十一岁的他已经在自家车库，和斯蒂夫·沃兹尼亚克成立了苹果公司。他们一起创造了世界上最早商业化的个人计算机，它的名字叫 Apple Ⅰ。

4. 结果：从 Apple Ⅰ到 Apple Ⅱ，再到 Apple Ⅲ，基本上都不太成功，直到他们推出第一台麦金塔计算机，并从百事可乐挖约翰·斯卡利来担任 CEO，还模仿作家乔治·奥威尔的著作《1984》，做了一支电视广告，名字就叫《1984》(这一年正好就是 1984 年)，三箭齐发，引起了很大的反响。这时的乔布斯终于来到人生的巅峰，不只在公司的影响力大增，还担任了苹果公司的董事长。

然而好景不长，同年年底，麦金塔计算机销量下滑，再加上最初一起创业的伙伴斯蒂夫·沃兹尼亚克离开苹果，乔布斯被公司员工以及董事会认定是苹果发展的障碍。就这样，乔布斯被逐出了自己一手创办的苹果公司。

5. **意外**：乔布斯离开苹果十年后，苹果的经营陷入了困境，市场占有率从巅峰时期的 16%，跌到惨不忍睹的 4%。一年亏损十亿美元，九十天之内就会破产。

而另起炉灶的乔布斯，不仅自己成立了计算机软件公司，还从《星球大战》导演乔治·卢卡斯手上收购了动画工作室，也就是后来制作了《玩具总动员》《海底总动员》，名闻天下的皮克斯动画工作室。

中国有句老话叫“十年风水轮流转”，把它套在苹果和乔布斯身上特别适用。正是这个奇妙的转机，逼得苹果高层必须拉下脸来，把乔布斯请回去救火。

6. **转弯**：就这样，担任临时 CEO 的乔布斯，一边整顿公司内务，一边试图重建一个全新的苹果公司。1997 年，苹果推出 iMac，并搭配一支叫《不同凡想》（*Think Different*）的广告，创新的设计再加上不凡的理念，产品大卖，使苹果计算机度过财政危机。随后，苹果乘胜追击，推出大受欢迎的 Mac OS X 操作系统。乔布斯全面翻红，从临时 CEO，变成正式的 CEO。

7. **结局**：关于结局，我想大家都很清楚了，人们永远记得担任 CEO 的乔布斯，在苹果的产品发布会上，侃侃而谈、意气风发的样子。他带给人们一次又一次的惊奇，从 iPod 到 iPhone，再到 iPad，一个又一个划时代的电子产品。

乔布斯真的完成了他最初的目标——改变整个世界。

听完乔布斯的故事，你有没有觉得好耳熟？

因为这根本就是好莱坞英雄片里才会出现的情节嘛：从小被养父母收养的乔布斯，长大后被自己一手创立的公司赶出去，最后再回来拯救自己的公司。

乔布斯的故事实在太戏剧化，又太励志了，听完他的故事，我想有很多人可能会直接手牵手，一起变果粉。

表面上，苹果卖的是电子产品，但骨子里，卖的其实是"乔布斯"这个人。

就像褚橙卖的其实是"褚时健"这个人一样。

听完橙子和苹果的故事之后，现在的你会说故事了吗？

如果会了，那么请继续上下一堂课，它会让你"更会"说故事。

如果，还是说不出故事呢？

我一开始就说过了，现在你有两个选择。

一、从此不再上许荣哲的"故事课"，因为你被骗了。

二、继续上下一堂课，因为你抓到感觉了，只是需要一点时间，好好练习一下。

如果，你需要我给你一点建议，我衷心认为，有“意外”的故事比较好，不过意外通常发生在第五个步骤。而现在只是第一堂课。

因为你是天才，所以值得再等待一下，等待属于你的意外降临。

一分钟
说一个精彩的故事

2

THE LESSONS OF

STORY

2

努力人 VS 意外人

上一堂课，我们学了“靶心人公式”，“三分钟说一个完整的故事”。

这一堂课，我们要来进一步挑战“一分钟说一个精彩的故事”。

两堂课之间，除了一分钟和三分钟的差别之外，还有什么不一样的吗？

三分钟的故事，着重的是“完整”的七个步骤，让故事有头、有尾、有冲突、有转折。故事该有的，它通通都有。

至于一分钟的故事，是从三分钟的故事剪裁而来，但把重要的精彩部分，放大处理。

有点像拍电影时，截取演员的某个身体部位，然后局部放大，特写。

我们先来复习一下“三分钟说一个完整的故

事”，“靶心人公式”的七个步骤：

1. 目标→2. 阻碍→3. 努力→4. 结果→5. 意外→6. 转弯→7. 结局

不管小说、电影，还是漫画，只要核心是故事，大都有类似的戏剧结构。

而“一分钟说一个精彩的故事”其实就是将靶心人公式，一分为二。

“靶心人公式”，可以进一步拆解成两种公式。

第一个公式，我称它为“努力人公式”，其实就是“靶心人公式”的前面四个步骤：

1. 目标→2. 阻碍→3. 努力→4. 结果

第二个公式，我称它为“意外人公式”，其实就是“目标”加上“靶心人公式”的后面三个步骤：

1. 目标→2. 意外→3. 转弯→4. 结局

垂直思考VS水平思考

“努力人”和“意外人”两者之间的差别在哪里？我们来举个具体的例子。

以挖井为例，努力人和意外人的目标都是“挖到水源”。虽然他们的目标一模一样，但最后一定会走向不同的结局。

为什么？

因为他们有两种截然不同的思维方式，一种叫垂直思考，另一种叫水平思考。

垂直思考的人，往下挖了五十米还不见水源，他会继续挖下去，六十、七十、一百、二百米，直到挖到水源为止。

相反地，水平思考的人，挖了五十米没挖到水源，他会换个地方重新挖。挖了三十米之后，遇到不好挖的硬石层，他会毫不犹豫地，再换个地方。

换个地方，又再换个地方，换个地方，这就是水平思考的人。

理解了吗？

“努力人”，比较像垂直思考的人，目标一旦设定了，就是一直努力、努力、努力地挖下去，不会偏离目标。

至于“意外人”，比较像水平思考的，一旦遇到阻碍，就换，又换，再换，这样的人最后常常偏离了最初的目标。

有概念了吧，现在我们来细部分解这两个公式给大家看。

刚才我们以挖井为例，现在我们以登山为例，而且是“登上世界第一高峰”。

先来看“努力人公式”。

这个公式强调的是“一次又一次地跌倒，再一次又一次地爬起来”，历经了千辛万苦，流汗，还不够，最好还流血；流血，还不够，一定要流泪。有汗、有血、有泪之后，才能让主角登上世界第一高峰。

你可能会问，流汗容易，但流泪、流血有这

么容易吗?

当然有，只要你去调整“阻碍”的难度就行了。

小儿麻痹的主角想要登上世界第一高峰，够难了吧。

如果你愿意，还可以再难一点，瞎眼的主角想要登上世界第一高峰。

还想再难一点，没问题，罹患癌症只剩三个月可活的主角想要登上世界第一高峰。

现在你懂了吧，“阻碍”是个难易度的开关调整器。只要你动一动手，不，动一动脑，就可以调整目标的难易度。

对“努力人”这个公式而言，虽然努力是重点，但阻碍绝对是超重要的辅助。

现在，让我们完整跑一遍“努力人公式”的流程。

1. **目标**：主角的目标是登上世界第一高峰，这是他年轻时的梦想。

2. **阻碍**：年轻时，拼事业的主角没空去圆梦，现在他被诊断出罹患癌症，而且只剩三个月的寿命，讽刺的是现在他终于有时间去圆梦了。

3. **努力**：登山的过程中，完全没登山经验，再加上体力虚弱，主角一次又一次地失败。先是高山向导因为天候不佳，不愿上山，但主角不愿放弃；再来是病症发作，救护车来了，呼吸器都挂上了，但主角还是不愿放弃……

4. **结果**：被折磨到只剩最后一口气的主角，终于爬上世界第一高峰。看着脚下的美丽风景，想起年轻时的梦想，主角流下最后一滴眼泪后，永远地闭上了眼睛。

“努力人”的故事，着重在人物的努力、再努力、终极的努力。

听完故事之后，听众会被主角永远不放弃的努力感动。

“努力人”的目标是“真的”，无论如何都要“登上世界第一高峰”，那是他们人生最值得做的一件事，而且是唯一的一件事。

至于“意外人公式”，强调的是“超乎想象”，例如主人公在即将攻顶的前一刻，一不小心掉进山谷，随后故事大转弯。主角身上发生了一件比“登上世界第一高峰”重要的事，因而展开了一段不可思议的人生旅程。

虽然“意外人公式”的重点就是意外，但“转弯”其实才是它真正的目标。

意思就是故事转弯到哪里去，非常、非常、非常重要。

举个例子，意外发现了桃花源，比登山好上十倍吧。

再举个例，意外撞见了初恋情人，比登山好上百倍吧。

三举个例，意外找到了人生活着最重要的价值，比登山好上千万倍。

现在，我们来完整跑一遍“意外人公式”的流程。

1. **目标**：主角的目标是登上世界第一高峰，因为他要在山顶上插旗向政治联姻的富家千金求婚。

2. **意外**：主角只差一步就能登上最高峰，然后因为政治和金钱问题摆不平，在手机中跟富家千金争吵，一不小心发生意外，从山顶上跌落下来。

3. **转弯**：主角掉进河里，即将溺毙的他遇见了一个跳河寻死的女孩。一男一女，一个想死，一个不想死，两个人在水底下相遇了。想死的女孩，最后救了不想死的男主角。（正因为如此，男主角也意外救了想死的女主角。）

4. **结局**：男主角利用他的政治与财经双专业，帮女主角摆平了家里的经济困境，以及地方的恶势力（女孩之所以想死，是因为被强迫嫁给土豪）。最后，男女主角坠入爱河。

注意到了吗？“意外人”的目标“登上世界第一高峰”是“假”的，他最后一定会走向另外一个目标。

“靶心人公式”拆成的“努力人公式”和“意外人公式”，即使有相同的目标，最后也会因为水平思考和垂直思考而走向完全不同的结局。

人生不也是如此？你是“努力人”，还是“意外人”？

一千六百多次的爱迪生

刚才我们讲了挖井和登山的故事，并且用它们来说明“努力人公式”与“意外人公式”。

不过它们都是“虚构”的故事，现在我们来讲一讲“真实”的故事。

首先是“努力人公式”，前面解释过了：努力是重点，阻碍是辅助。

我们以发明大王爱迪生为例：他为了改良灯

泡，试过无数种方法，最后终于成功了。

究竟要失败几遍，才算得上是努力？

如果这是一个虚构的故事，“三次”差不多就够了。但你知道爱迪生改良灯泡时，失败了几次吗？答案是一千六百多次。

你没听错，就是一千六百多次，足足是三次的五百多倍。

现在，我们就通过“努力人公式”，来讲一讲爱迪生改良灯泡的故事。

1. **目标**：十九世纪初，已经有化学家发明电灯了，但既贵又不方便，完全没有实用价值。所以大家基本上都还是使用煤油灯或煤气灯，这种照明工具不只添加煤油或煤气很麻烦，三不五时还会引起火灾，给民众造成很大的困扰。于是爱迪生决心改良灯泡，制造出便宜、耐用又安全的电灯。

2. **阻碍**：灯泡的原理是利用通电，来发热。当温度升到高点时，白热化的热能，就会转化成光源。然而问题就出在，要发光就得高热，但灯泡里的灯丝，承受不住高热，所以通电没多久，灯丝就会断裂。

3. **努力**：如何让灯丝不断裂，是爱迪生努力的重点。经过多次实验之后，爱迪生发现灯泡里的空气会助燃，于是他抽光空气，这个举动让灯丝足足持续了八分钟才断裂，这是初步的成功。

下一阶段是找到更耐热的材料来当灯丝。

爱迪生最早使用的耐热材料是碳，但失败了。

随后，他把所有想到的耐热材料全部写下来，总共有一千六百种之多。太多了吧？有没有聪明一点的测试方法？

没有，爱迪生一一测试。

当有人问他，为什么你失败了这么多次，还不放弃，这样会不会太浪费时间了？他是这么回答的，不，一点都没有浪费，因为我已经知道哪些材料不适合了。

当所有耐热材料都试过一轮之后，爱迪生发现白金最适合，因为它可以让灯泡发光两小时。但白金实在太贵了，一般人根本负担不起，而且两小时也还不够长。

失败了一千六百多次之后，连最乐观的爱迪生也陷入了困境。

一个寒冷的冬天，爱迪生在炉旁烤火。

他眼里看到的是炽烈的炭火，但心中挂念的却是不持久的灯泡。看着火炉里的炭火，他心想，碳是不错的材料，可惜他最早的时候就已经测试过了，结局是失败。

寒冷的冬天，爱迪生却感到无比地燥热，因为“碳是对的，但碳又是错的”，对错、对错、对错，到底问题出在哪里？

越来越烦躁的爱迪生，最后顺手扯下脖子上的围巾。

看着手上用棉纱做成的围巾，爱迪生突然大叫一声：啊——

他有了一个灵感！

他把棉纱用炉火烤成焦炭，然后小心翼翼地放进了灯泡。

通电之后，灯泡居然持续亮了十三个小时。经过微调改良之后，进一步延长到了四十五小时。

哇哇哇，这可是大跃进啊。

软弱的棉纱烤过之后，居然比白金更耐热。

四十五个小时这个数字一传开，轰动了全世界，煤气股票顿时疯狂下跌，因为这预告着煤气灯即将成为历史，便宜又安全的光明时代即将来临。

大家纷纷向爱迪生祝贺，但他却摇摇头："不行，还不够，得再找其他材料！"

虽然大方向已经明朗了，关键材料就是"植物的纤维"。事情看起来简单一点了，但你知道爱迪生后来又测试了多少种植物纤维吗？

答案是六百多种，他连马的鬃毛、人的头发和胡子都拿来测试。

最后，爱迪生终于找到竹子，碳化的竹子可以让灯泡连续不断地发亮一千二百个小时！

如果一天二十四小时连续都不断电的话，灯泡可以持续亮五十天。

五十天，够了吧？

对某些发明家而言，五十天确实非常足够了。

但对"努力的天才"爱迪生而言，还不够，

他心目中的理想数字是一万六千个小时，换算之后是六百六十六天，也就是将近两年，几乎就是现代灯泡的寿命。

你有没有觉得一万六千这个数字很耳熟，前面我们提过，爱迪生试验了一千六百多种耐热材料，才终于找到灯泡的真命天子。

一万六千个小时正好是一千六百种材料的十倍，爱迪生似乎是想为他过去一千六百次的失败报仇。不管这个揣想是不是真的，你都可以从中看出爱迪生惊人的执着，与可怕的努力。

4. 结果：竹丝灯泡不只物美价廉，而且还非常持久耐用，所以它被量产出来，持续用了好多年。但爱迪生始终没忘记那个让他痛苦不已的数字——一千六百，所以他持续改良。1906 年，爱迪生改用钨丝，取代竹丝，灯泡的寿命再次大大地提高。

一百多年来，带给我们便利与光明的，就是爱迪生改良出来的钨丝灯泡。

问一个问题，爱迪生发明出来的钨丝灯泡究竟可以用多久？

有一种说法是一百多年，也就是你买了一次钨丝灯泡之后，一辈子都不用再买了。灯泡居然可以活得比人还久，但如此一来，意味着灯泡都不会坏，那厂商就赚不到钱了。因此，厂商内部偷偷规定，不可以让灯泡的寿命超过一千个小时。

哗，有没有觉得很荒谬，一百多年前爱迪生的雄心壮志，是希望让灯泡活到一万六千个小时，然而现在的灯泡为了商业考量，居然只能用到一千个小时。

呼，努力的人终究还是被商人打败了。

虽然有那么一点悲伤，但我想……大家都已经习惯了。

怎么感觉起来，这更悲伤。

伟哥的离奇身世

不要停留在悲伤上面太久，让我们继续往前走。

上面讲了“努力人”爱迪生的故事，现在换

讲“意外人”伟哥的故事。

伟哥是谁啊？怎么有点耳熟，也是发明家吗？

不是，伟哥是俗名，在台湾和港澳地区，它的名字叫“威而钢”，取其威猛如钢铁的意思。在大陆，它的本名叫“万艾可”，但大家习惯叫它伟哥，这听起来比较亲切。

前面提过，“意外人公式”的重点就是意外，但“转弯”其实才是真正的目标。

我们来看看“伟哥”究竟哪里意外，又转了什么弯？

伟哥的出现，最初是为了治疗心绞痛，但却一点效果也没有，反倒是它的副作用太意外了，它居然使得病患的生殖器迅速勃起。

心脏和生殖器这两者之间距离也太远了吧！

所以这才意外啊！

现在，我们就通过“意外人公式”，来讲一讲伟哥的离奇身世。

1. 目标：美国辉瑞制药公司的科学家们为了治疗心绞痛，绞尽脑汁，终于发明了一种治疗心脏病的新药。

2. **意外**：新药上市之前，当然要先测试一下效果如何。当这种心脏病新药在英国斯旺西市的一家医院中首次进行临床试验时，非常不幸的是，对于遭受心绞痛折磨的试用患者来说，这种新药一点效果也没有。然而让医生困惑的是，虽然这个药对患者的心脏起不了任何作用，但参与临床试验的男病患，却露出一种诡异的表情，他们不只拒绝放弃这种药，甚至还向医生索取更多的药。原来，男患者们发现这个药有一种奇妙的“副作用”：它会使男性的生殖器官迅速勃起。

3. **转弯**：既然不小心来到桃花源，那就到桃花源好好游历一番吧。就这样，科学家决定转个弯，开始研究这种药和下半身之间的美妙关系。

4. **结局**：就这样，伟哥这个最初的心绞药，摇身一变，成了壮阳药，并于二十世纪九十年代末，正式投入市场，开始量产。伟哥带给辉瑞制药公司无比惊人的财富。

发现了吗？

“意外人”的结局跟最初的目标，完全无关。目标只是一个幌子，当意外发生之后，就会开始转弯，最后通往跟目标完全无关的结局。

听完爱迪生改良电灯，以及伟哥的离奇身世之后，现在的你会说故事了吗？

“努力人”的故事，因为一次又一次地跌倒，再站起来，而令人感动。

至于“意外人”的故事，则因为无法预料的意外，而带给人们惊喜。

一分钟就能让人感动，一分钟就能令人惊喜，还有什么比这更棒的事吗？

有，十秒钟就立刻说出一个说服人的故事。

十秒钟，你没有听错。

没有，没错。

从三分钟说一个“完整”的故事，到一分钟说一个“精彩”的故事，下次我们要用十秒钟说一个“说服人”的故事。

因为你是天才，所以值得一次又一次的期待，期待那个终将属于你的美好时刻。

十秒钟
说一个说服人的故事

3

THE LESSONS OF
STORY

3

“一分钟说一个精彩的故事”追求的是，找到故事的转折点（也就是意外和转弯），让听的人觉得高潮起伏。例如乔布斯是如何“被自己一手创立的公司赶出去，最后再回来拯救自己的公司”。

虽然一家成功的公司，“努力做出好产品”永远是首要关键，但这还不够，它还必须搭配至少一个好故事。这样才能让你的产品，跟着故事传播出去，让消费者一听到故事，就蠢蠢欲动。

其中，利用创办人的生命经历来营销产品，永远是最直接、最有效的。

为什么?

大部分的消费者一开始的时候，无法分辨产品的优劣好坏，但他们听得懂故事。因此产品的故事，尤其是创办人的故事，它所传递出来的价值，会联结到产品，变成美丽的糖衣，或丑陋的毒衣。

然而创办人的传奇人生故事终究是被动式的，可遇而不可求，所以我们必须拥有一套主动式的说故事方法。

这一堂课，我们进一步来分析苹果的乔布斯，他是如何主动出击，说出一个又一个充满说服力的故事。

但在那之前，我们先来看一看乔布斯是如何看待故事的。

全世界最有影响力的人

1985 年，乔布斯被赶出苹果，重新创业。照理说，他的本业是计算机软硬件，但因缘际会，他买了一间“故事”工作室，并且开始学着说故事，这成了他人生中重要的转折点。

这间“故事”工作室，就是后来名闻天下的皮克斯动画工作室。

1994 年，乔布斯问皮克斯的同事们一个问题：“谁是世界上最有影响力的人？”

当场有人回答“南非总统曼德拉”。

这个回答在当年几乎算得上是标准答案，因为对抗南非政府的“种族隔离政策”，曼德拉被判终身监禁。

1990 年，被关了二十七年的曼德拉终于被释放，并于三年后得到“诺贝尔和平奖”，隔年又当选为南非首位黑人总统。

但乔布斯却摇摇头说：“错！大错特错，全世界最有影响力的人是‘说故事的人’。说故事的人塑造了整个世代看事物的角度和价值观，以及决定什么是值得重视的议题。”

“最有影响力的人”，乔布斯指的不是此刻当下的一个人，而是能够跨越时间和空间的一种观念。

当时的乔布斯是皮克斯动画工作室的老大，上面他说的那一段话，其实是为下面这一段话做铺陈：“迪士尼独霸了整个故事市场，我再也受不了了，我要成为下一个说故事的人。”

“成为下一个说故事的人！”乔布斯说到做到，隔年皮克斯推出第一部动画电影《玩具总动员》，如今已成为经典，而且接连拍了三部。再加上随后风靡无数大人小孩的《海底总动员》《怪兽电力公司》《飞屋环游记》……几乎每个孩子成长过程中，都看过皮克斯的动画。

动画里的故事，深深影响了一整个世代的孩子，一如乔布斯所言：说故事的人塑造了整个世代看事物的角度和价值观。

“伟大”是变动的，就像美丽一样，随着价值观而改变。与其盲目追求别人眼中的伟大，不如创造自己的伟大，然后反过来影响其他人。

乔布斯用他的一生，一而再，再而三地向我们证实，全世界最有影响力的人确实就是“说故事的人”。

我们永远记得乔布斯在苹果的产品发布会上侃侃而谈的样子，他不是在向我们推销 3C 产品，而是用故事来营销一种价值。

乔布斯不卖苹果，他卖的是“乔布斯”，他所赋予自己的价值。

现实扭曲力场

全世界最有影响力的人真的是“说故事的人”吗？

不管你同不同意，乔布斯就是这样认定，并且开始用故事，一步一步来发挥他的影响力。

第一堂课，我们用三分钟说了乔布斯一生的传奇故事。在乔布斯的故事里，我们提到了一个词——“现实扭曲力场”。

乔布斯非常善于利用“现实扭曲力场”来说故事。

什么是“现实扭曲力场”？

这个词并不是乔布斯发明的，它是从电视影集《星际迷航》里来的，最初指的是外星人凭借着精神念力，就能凭空创造出新的世界。

如果你无法想象外星人凭空创造世界，那么

你可以把它替换成：魔术师用念力，把汤匙折弯。

“现实扭曲力场”这个词后来广为人们所熟知，是苹果的乔布斯把它发扬光大的。

乔布斯最为人所熟知的是苹果的产品发布会，他一次又一次利用故事思维，创造情境，进而产生“现实扭曲力场”，让消费者听得如痴如醉，最后掏钱埋单。

我们来回忆一下，第一堂课提过的，发生在乔布斯身上的一个例子。

当年，苹果公司需要一个新的CEO。乔布斯把目标锁定当时任职百事可乐的总裁约翰·斯卡利。当年的苹果还不是后来的苹果，它不过就是一颗小樱桃，而百事可乐呢？当年的它已经是一片大到看不见尽头的太平洋了。

樱桃和太平洋，你会选哪一个？

谁大谁小一眼就能看穿，但奇妙的是乔布斯永远看不见自己的小，他看见的是自己的“大”，他对百事可乐的约翰·斯卡利说：“你是想卖一辈子糖水，还是‘改变整个世界’？”

喔喔，如果你是约翰·斯卡利，你会怎么想？

你本来还以为乔布斯会跟你谈钱，但没想到他跟你谈的居然是“改变世界”。

就像琴弦一样，约翰·斯卡利的心被乔布斯的话撩拨了，约翰·斯卡利吞口水，心脏怦怦跳，脑袋轰轰响。

乔布斯短短两句话，就是一篇震撼力十足、关于“金钱 VS 梦想”的超级极短篇。

乔布斯的超级极短篇放射出无比巨大的力场，完完全全把约翰·斯卡利震慑住了，最后他被乔布斯说服了，答应去苹果公司出任 CEO。

“你是想卖一辈子糖水，还是改变整个世界？”

百事可乐＝糖水？

苹果公司＝改变世界？

好像有那么一点道理，但从现实的角度来看，这两件事都不是事实。

这两句话正是乔布斯最擅长的说故事模式——现实扭曲力场。

乔布斯的话，巧妙避开了“百事可乐大，苹果公司小”的无情现实，转了一个弯，传达了另一个信息，那就是：“如果你只想赚钱，那就留在百事可乐。但如果你想赢得更好的人生，那就跟我们一起努力吧。”

1983 年，苹果公司推出麦金塔计算机的前夕，所有员工都拼了命加班赶工。乔布斯在公司来来回回走动，不断要求产品开发人员：“继续改进，还要更好。”

乔布斯要求苹果每样产品，都要达到不同凡响的地步。在他两度担任 CEO 期间，这种力求完美、毫不妥协的个性，变成了一股强大的力量，正是它让苹果变得伟大起来。

有一天，乔布斯来到工程师肯尼恩的办公室，指着还在测试中的麦金塔计算机，说：“开机。”

计算机开机，除了必须启动操作系统之外，还得测试存储器，以及完成其他起始作业，因此花了好几分钟。

乔布斯摇摇头："不行，速度还是太慢，必须再改进。"

肯尼恩和他的团队经过几个星期不眠不休的努力之后，乔布斯的答案还是："不行，不够，还要再短。"

筋疲力尽的肯尼恩摇头表示，大家都已经尽全力了，现在已经是极限了。

这时，乔布斯知道肯尼恩已经听不进道理了，于是他改换说故事。

他说："如果开机的速度再快十秒，就能拯救一个人的命，你做不做？"

"或许……会吧。"虽然肯尼恩这么回答，但他完全不懂"开机速度和人命"有什么关系。

随后乔布斯走到白板前，拿起笔，边说边算了起来："我一直在想一件事，将来会有多少人使用麦金塔计算机？一百万？不对，我打赌再过几年，就会有五百万人，每天至少打开一次他们的麦金塔计算机。假设你们可以再努力节省十秒的开机时间，十秒乘以五百万个用户，就等于每一天省下五千万秒。一年换算下来，等于三亿多分钟，你知道这有多长吗？那是十个人的一生啊。”

乔布斯最后说：“为了这十条人命，大家再努力减十秒吧！”

虽然肯尼恩在理智上觉得已经达到极限了，但受到乔布斯“现实扭曲力场”的故事激励，伙伴们全都拼上老命，最后成功地把开机时间缩短了。

缩短十秒的开机时间＝十条人命？

从现实的角度来看，这两件事其实并不相关。

但，从乔布斯嘴巴里说出来，好像又确实有那么一点道理。

乔布斯最擅长的就是把冰冷的科学数据，转换成有温度的人性。就像皮克斯动画《玩具总动员》一样，当玩具只是玩具，老了、坏了，就丢了吧。但当玩具变成人，变成你我童年最好的朋友，这时你还舍得丢吗？

拟人化……把温度从无生命的四摄氏度，提升到人体温度的三十七摄氏度，就形成了“现实

扭曲力场”，故事就出现了说服的力量。

喔，对了，刚才忘了告诉大家，经过乔布斯“现实扭曲力场”的激励之后，麦金塔计算机大大缩短了开机时间。你知道最后缩短了几秒吗？十秒？不对，是二十八秒，也就是二十八条人命。

个性永不妥协、善于说服别人的乔布斯，经常凭着自己独断的美学，以及惊人的意志力，不断逼着同事，更进一步，再进一步。虽然大部分的人最后都会埋乔布斯的单，但过程中他也曾遭遇到各式各样的挑战，尤其是来自内部自己人的挑战。

例如跟乔布斯一起创业的伙伴斯蒂夫·沃兹尼亚克，曾经不服气地顶撞他："你不会写程序，你也不会设计，你什么都不会！"

斯蒂夫·沃兹尼亚克说的是事实，凭什么什么都不会的乔布斯，却可以分得跟设计师一样多的利润？

你知道乔布斯怎么回答吗？

他不是唯唯诺诺地低声下气，而是抬头挺胸，一脸骄傲地说："因为我会'指挥'，设计师做的事是演奏乐曲，而我负责指挥。"

乔布斯一句话就把自己拉到乐团指挥的高度。你想一想，一个乐团里，演奏乐曲的人一共有几十个，然而指挥只有一个。

乔布斯的意思很清楚了：你只是几十个人里面的一个，而我是唯一的那一个。

呼，非常有说服力吧！我们再一次见识到乔布斯惊人的"现实扭曲力场"。

难道乔布斯完全没有对手吗？

当然有，麦金塔团队每年都会选出一个最勇于向乔布斯说“不”的人，并且颁给他“最佳反击奖”。这个听起来半开玩笑、半认真的奖项，乔布斯本人当然也知道，只是他完全不以为意。

第一年获得这个奖项的人是来自东欧、个性也非常强悍的霍夫曼女士。当她发现乔布斯更改了她的营销预测，并且跟现实完全脱节时，她怒气冲冲地闯进他的办公室，准备和他理论。

然而当霍夫曼女士上楼准备去找乔布斯之前，事先告诉乔布斯的助理这么一段话：“我手里拿着一把刀，准备刺进他的心脏。”

结果呢？乔布斯当然还活得好好的，只是他不只认真听完霍夫曼女士的说法，并且少见地让了步。

“我手里拿着一把刀，准备刺进他的心脏。”当然不是一个事实，她只是告诉乔布斯，对于眼前这一件事，我有多么认真地看待它。

乔布斯之所以让步，当然不是因为霍夫曼手上真的拿了一把刀，而是乔布斯听得懂对方的话，当对手和你一样认真、一样坚持，那她就值得你的尊敬，值得认真听一听她的想法。

其实霍夫曼女士这段话也是一种“现实扭曲力场”，它不是事实，但却散发了强力的力场，有效改变了对方的态度。这是她从乔布斯那里学来的，并且有效地运用在了乔布斯的身上。

所以严格说起来，乔布斯完全没有对手，他的对手是他自己。

一鸣惊人的
自我介绍术

4

THE LESSONS OF
STORY

4

这个时代，我们必须随身携带什么？

手机、钥匙和皮包？

最好再加上“自我介绍”。

“自我介绍”比手机、钥匙和皮包还重要，忘了上面这三样东西，你顶多觉得不太方便。但忘了“自我介绍”，你的损失难以计算。

试着在心中估算一下，你这辈子至今“自我介绍”了几次？

我想一两百次可能都有了吧！你知道吗？你已经不小心流失掉一两百次，把自己推销出去的好机会了。幸好，你现在遇到了我，并且听到了这一堂课“一鸣惊人的自我介绍术：打造自己的故事”。

自我介绍就像是免费打广告。想象一下，如

果你能在马云、乔布斯面前自我介绍，这可不得了。搞不好，你这一生就因此而改变。

所以，我常常把自我介绍当成最重要的一件事，而且只要准备一次，可以用无限多次啊。性价比超高啊！

说一百次别人的故事，不如说一次自己的故事，每个人都有故事，只要方法对了，你就是别人传诵的好故事。

姓名联想法

最简单的自我介绍方法，就是利用故事，把你的姓和名串联起来，也就是所谓的“姓名联想法”。

我有个学生叫汤炳舟，他说有一天，他不小心在公园的长椅上睡着了，醒来的时候，身边突然多了一碗汤、一块饼，还有一碗粥。原来是……路过的人把他当成流浪汉了。

所以他的名字就叫汤、饼、粥：一碗汤、一

块饼，还有一碗粥。

听完之后，台下的人都笑了，这种介绍法，有娱乐效果，但人们只短暂地记住你的名字，还是完全不认识你这个人啊，所以这样的自我介绍，意义不大啊。

现在，换个方式，把“职业”加进来。汤炳舟的职业是靠打赏过活的街头艺人。

现在我们重来一次：我叫汤炳舟，是个街头艺人，每天上街头唱歌，靠打赏过活。但昨天唱完歌，打开打赏箱，哇，吓坏我了，里面一毛钱也没有，倒留下了一碗汤、一块饼，还有一碗

馊掉的粥。看到汤、饼和粥，我汤炳舟当场流下男儿泪来，希望各位观众，以后打赏就打赏，别再把我当流浪汉啦。

这个故事听起来怎么样？我个人认为……原则上还可以，现在人们已经记住你的姓名和职业了，但我们必须更进一步，让人们认识“你”这个人。

其实有更好的方法，那就是我们在前面介绍过的说故事方法：

1. 三分钟说一个完整的故事：“靶心人公式”。

2. 一分钟说一个精彩的故事：“意外人”和“努力人”公式。

3. 十秒钟说一个说服人的故事：现实扭曲力场。

十秒钟自我介绍

现在，我们就用汤炳舟这个人，把上面提到的三种方法，通通练习一遍。

如果你只有十秒钟介绍自己，那么就用“现实扭曲力场”：十秒钟说一个说服人的故事。

例如在一群大人物面前，你只是一个不起眼的角色，别人听你自我介绍完全是不得已的，所以你必须短而有力，一针就扎进对方的心脏。

“各位认识周杰伦吧，我就是还没红之前的周杰伦。”

这时，大家的注意力会被你的一句话瞬间挑起来，趁这个时间点，打蛇随棍上，补上最重要的一句话：“我想再过不久，就会有人模仿我的自我介绍，他们会说‘各位认识汤炳舟吧，我就是还没红之前的汤炳舟’。”

借用“现实扭曲力场”，你不只瞬间让自己有了一个非常具体的外在形象，更重要的是散发出一股强大的自信，你连内在都非常立体地勾勒出来了。

十秒钟之后，再也没有人敢忽视“汤炳舟”这个名字了。

从现实的角度来看，汤炳舟当然不是周杰伦，他只是借用周杰伦这个名字给人的强大自信印象，适度地挪用一点到自己身上。

就像拿手机自拍一样，如果完全没有加工，你就是一名百分之百的路人，一万个人经过，也没有人会发现你。但如果适度地加上一点点美化效果，看起来就完全不一样了，你开始散发出明星的气势了。

一分钟自我介绍

如果你有一分钟的时间介绍自己，那么就用“努力人”或“意外人”公式：一分钟说一个精彩的故事。

举个例子，你去应征某一个职位，公司主管必须听你自我介绍，因此你可以多讲一些。但请特别注意，他们还是有权利对你喊停，所以也不宜长篇大论。

在这样的状况下，一分钟的时间刚刚好。

我们先来复习一下“一分钟说一个精彩的故

事”之“努力人公式”：

1. 目标→2. 阻碍→3. 努力→4. 结果

现在，“努力人”汤炳舟的一分钟自我介绍开始——

1. **目标**：一个人一辈子可能会有一万个目标，但我的目标从头到尾只有一个，那就是成为一名歌手。

2. **阻碍**：很多人以为我天生嗓子好，所以才想当歌手。相反地，我的资质并不好，十个想当歌手的人里面，我大概是排名第九。

3. **努力**：所以呢，我决定每天苦练，先从街头艺人当起。每天到街头练唱，一天唱它个十小时，我相信每累计一千小时，我就能进步一名。现在的我，已经连续唱超过九千个小时了，正朝一万小时迈进。

4. **结果**：如果各位算术还可以，就会知道我现在已经前进到第几名了。但，我想一定有人跟我一样，算术不好，那不如我就直接清唱两句，让大家知道，我现在的成果如何。

“努力人”汤炳舟的一分钟自我介绍完毕——

故事说到这里，我想大家一定对你的歌喉很好奇，你到底是如何从一个资质平庸的人苦练成高手的？如果你真的有料，那就赶快趁这个机会，大方地秀出来吧！这会有很大的加分效果，因为它证明了，你刚才说的那个故事是真的。

这非常、非常、非常地重要，因为对于励志的故事，人们最在意的是……它是不是“真”的。

利用“努力人”公式来自我介绍，最重要的是让人们看到你性格里，不达到目标绝不罢休的惊人毅力。

你把自己性格里“最认真”的那一部分，成功地推销出去了。

“努力人”自我介绍完了，现在换“意外人”。

一样，我们先来复习一下“一分钟说一个精彩的故事”之“意外人公式”：

1. 目标→2. 意外→3. 转弯→4. 结局

现在，“意外人”汤炳舟的一分钟自我介绍开始——

1. 目标： 十年前，我暗恋一个女孩，我想追求她，但又不知道怎么开始。我的死党教我一个方法：每天帅气地出现在她身边。问题是我不帅啊，我的死党翻了个白眼说，这我也知道，但你总有才华吧。没有长相，那就秀才华啊。才华？嗯，我最有自信的地方是我弹了一手好吉他，而且歌喉也还不错。于是我每天“埋伏”在女孩必经的路上，帅气地自弹自唱。

2. 意外： 三个月之后，女孩终于停下来听我唱歌了，我开心极了。六个月之后，她居然开口对我说话了，天啊，我超兴奋。女孩说：“我想鼓起勇气，跟你说一句话，因为你是……”女孩正说到重点的时候，她的身后突然走出了一个男孩。两人对看了一眼之后，居然手牵着手，对我说，“谢谢你，你是我们的媒人。”什么？媒人？

我听了差点晕倒。应该是爱人吧，怎么会变成媒人呢？

3. **转弯：**原来，女孩爱听我的歌，每次听到我的歌都会不自觉地放慢脚步。三个月前，她开始停下来听我唱歌，从一分钟，到三分钟，再到十分钟，最后是一个小时。没想到同一时间，也有一个男孩跟她一样，也是这样从一分钟，三分钟，十分钟，最后是一个小时地听我的歌。就这样，他们是牛郎和织女，而我只不过是一座鹊桥，搭起他们爱的桥梁。

4. **结果：**女孩说完之后，一旁围观的人热情鼓掌。我很难过，但我不想表现出来，于是我故作大方地说，不如我就来唱一首歌，祝福你们二位白头偕老吧。观众听我这么说，简直暴动似的，疯狂鼓起掌来。不过，这次掌声是给我的。我没得到一个人的爱情，却意外得到超多人的喜爱。

对了，不如我现在就来唱一首，当时我献给他们的歌，如果你发现我唱的时候，流泪了，那是认真悲伤的眼泪啊。

"意外人"汤炳舟的一分钟自我介绍完毕——

故事说到这里，我想每个人都已经对你印象深刻了。这时候，再补上一枪。唱一首应景的歌，帮刚才说的故事，配上合适的音乐。这下子，我想人们可能连做梦都会梦到你。不，他们一辈子都不可能会忘记你了。

不止如此，更重要的是，借由"意外人"自我介绍，你把自己性格里"最幽默"的那一部分，成功地推销出去了。

听完以上两种自我介绍法，究竟应该使用哪一种比较好？我有三个建议。

第一个建议：从听众的角度来选择。

如果听你自我介绍的人，属于可以安安静静听你说故事的人，那会比较适合"努力人"自我介绍法；如果听你自我介绍的人，属于比较活泼，甚至躁动的，你可以用"意外人"。

第二个建议：从你的需求来决定。

如果你希望别人看重你的认真，那你就用

“努力人”自我介绍法。如果你希望别人看重你的幽默，那你就用“意外人”自我介绍法。

第三个建议：追随你的性格。

如果你是一个不善于说故事的人，你可以直接挑比较符合你性格的来用。简单来讲，就是不要想太多，你是哪一种人就说哪一种故事，这样的你，会比较自在，故事听起来也比较真诚。

三分钟自我介绍

如果你有很多时间来介绍自己，那么就用“靶心人公式”：三分钟说一个完整的故事。

什么时候，你会有很多时间？举个例子，如果你是演讲者，听众就是为你而来的，那你完全不用顾虑，大方地说一个完整的故事吧。

第一堂课，我教大家的，就是“三分钟说一个完整的故事”：“靶心人公式”。

我们先来复习一下“靶心人公式”：

1. 目标→2. 阻碍→3. 努力→4. 结果→5. 意外→6. 转弯→7. 结局

它其实就是融合了前面提过的“意外人”和“努力人”公式。

现在，我们依然以汤炳舟作为例子，前面三个步骤和“努力人”公式一模一样。

现在，“靶心人”汤炳舟的三分钟自我介绍开始——

1. **目标：**一个人一辈子可能会有一万个目标，但我的目标从头到尾只有一个，那就是成为一名歌手。

2. **阻碍：**很多人以为我天生嗓子好，所以才想当歌手。相反地，我的资质并不好，十个想当歌手的人里面，我大概是排名第九的。

3. **努力：**所以呢，我决定每天苦练，先从街头艺人当起。每天到街头练唱，一天唱它个十小时，我相信每累计一千小时，我就能进步一名。

现在的我，已经连续唱超过九千个小时了，正朝一万小时迈进。

前面三个步骤一样，但第四个步骤“结果”开始不一样了。

4. **结果**：如今的我已经跟以前完全不一样了。我有自信，十个唱歌的人里面，我的排名肯定是数二数三的。但街头人来人往，会停下来认真听我唱歌的人，还是少之又少，但幸好我不是唱给他们听的。这么说，虽然有点孤僻，但我真的只是想唱给自己听。

5. **意外**：这一天，不太寻常，因为我的场子围了一百多人，好像我是著名的歌手似的。我不明白为什么，但反正不是坏事，我依然像平常一样唱我的歌。唱到一半时，有个经常来听我唱歌的男孩突然站到我面前来，他说：“我想鼓起勇气，跟一个女孩说一句话……”男孩说着说着，就伸出手来，牵起隔壁女孩的手，认真地说，“我想在这个我们最爱的歌手面前，对你说：嫁给我吧！”

6. **转弯：**原来，暗恋女孩的男孩，注意到女孩爱听我的歌，于是每天抢先来这里等女孩，后来他们真的谈起了恋爱。原来我的歌声是喜鹊，为牛郎和织女，传递了爱的信息。男孩说完，一旁围观的人热情鼓掌，原来他们全都是男孩的亲友团。女孩害羞得不知所措，两个人僵在那里。我灵机一动说，结婚是一件大事，确实需要好好想一想，不如这样，让我先来唱一首他们最爱的歌，让女孩有一首歌的时间好好想一想。

7. **结局：**历经了这个告白事件之后，我突然在街头爆红起来，因为大家都说我的歌声能招来爱情，他们甚至给我起了一个称号，叫“爱情歌手”。我很开心，我的歌能带给别人幸福，但我更开心的是，我的歌一直是我的幸福，而且从来没有改变过。

“靶心人”汤炳舟的三分钟自我介绍完毕——

讲完上面的故事，我想你的自我介绍已经深深地烙印在听众的脑袋里了。你成功地利用一个让人感到惊喜的意外故事，巧妙地植入你这个人的认真性格。

对于“自我介绍”，如果你现在还是有那么一点迟疑或抗拒的话，那么我要再推你一把。

我一年有三百场演讲，也就是说，我一年拥有三百次的自我推销机会。

但你以为我会因为得来太容易，而轻易放弃掉任何一次自我介绍吗？

不会，就像每天都要刷牙一样，每次上台前，我还是会不厌其烦地提醒自己。

许荣哲，你知道谁的故事最重要吗？答案是“你自己的故事”。

许荣哲，你知道谁的故事永远不会过时吗？答案是“你自己的故事”。

许荣哲，你知道台下的人最想听谁的故事吗？答案是“你自己的故事”。

所以，我绝不会放掉任何一次自我介绍，我甚至会把它变成一场重要的暖场，兼主秀。就像演唱会一样，一开始如果没有把气氛带起来，观众就会开始分神。如此一来，接下来的每一步路，都会变得越来越艰难。

我的自我介绍不只要让大家认识我，它还肩负着让观众对我接下来要演讲的内容有兴趣。

如果情况特殊，我根本没时间自我介绍，那么该怎么办?

如果情况真的这么特别，那么我就用“三秒钟”来自我介绍。

你没听错，就是三秒钟。

“各位好，我是天才。接下来的演讲，我会证明我讲的是真的。”

现在，有没有觉得自我介绍简单多了?

现在，有没有觉得自己就要一飞冲天、一鸣惊人了?

我们大部分的人都不是乔布斯，也不会是褚时健，所以不会有那么多高潮起伏的戏剧化人生。

我们所拥有的，不过就是平凡无奇的人生。

难道……你希望用残酷的人生，来换一个精彩的故事吗?

不，你不用。看了上面我的学生，平凡的汤炳舟的几个例子就知道，只要你学会说故事，能够有效地把你的故事重新排列组合起来，最后再撒上一点香料，放进美美的盘子，一样会迷死许多人。

年轻的时候，有人告诉我，像我们这种平凡人，注定是没有故事的人。

当时，我不懂得反驳他，但现在我会告诉他，不，你错了，不会说故事的人，才是没有故事的人。

还有……我不是平凡人。

嘿，正读着这本书的你啊，因为我们都是天才，所以日后肯定会有一大堆人，排着队想听你的故事，所以请随时准备好你的自我介绍。

一个好的自我介绍，可以重复使用一辈子。

我准备好了，你呢?

打造自己的品牌：五招让你“红”

5

THE LESSONS OF STORY

5

世界上最会卖东西的人

谁是世界上最会卖东西的人？苹果的乔布斯吗？当然不是，如果是的话，那就太无趣了。

这一堂“故事课”，我们就来聊一聊世界上最会卖东西的人，以及他成功的秘诀究竟在哪里？

我们先来问几个问题：

史上最贵的拍卖品是什么？

是拥有上百年历史的古老庄园，还是泰坦尼克号的沉船宝藏？

都不是，正确答案是一幅画。

再继续往下猜，史上最贵的拍卖品是哪一位画家的作品？

二选一：凡·高，还是毕加索？

公布正确答案之前，我们先来比较一下这两位画家，因为他俩有一个惊人的对比。

从知名度的角度来看，凡·高和毕加索的名气相当，不过他们的人生际遇大不相同。

凡·高，二十七岁开始学画，三十七岁自杀身亡。短短的十年创作生涯里，只卖出过一幅画，据说还是他弟弟帮忙卖的。

相反，毕加索，十五岁开始学画，九十一岁过世，一生卖出的画不计其数，累积的财富惊人，身后遗产几十亿美元。

我不知道大家比较喜欢哪一位画家，但我知道绝大多数的人比较希望过毕加索这样的人生。

我个人喜欢毕加索多过于凡·高，原因是他过的是“主动”式的人生，而凡·高过的是“被动”式的人生。

毕加索的名声都是他自己挣来的，凡·高则完全是靠机运。

怎么说呢？

凡·高生前籍籍无名，死后原本也极可能默默消失，仿佛世界上从来没有这个人。后来，凡·高之所以声名大噪，广为后人所熟知，是因为当年凡·高的弟媳妇，发现了凡·高写给她丈夫，也就是凡·高弟弟的信，因此邀请媒体来传播信里提到的故事。如果没有这件事，凡·高的画作恐怕早就被当成垃圾处理掉了。

也就是说，凡·高的故事是别人帮他传播出去的。相反地，毕加索则是完全靠自己，他的名声全都是靠自己传播出去的。

怎么说呢？看了底下的例子，你就知道了。

毕加索是绘画天才，这一点大家都知道，但他同时也是一个“故事营销天才”，他的画大都是自己卖出去的，用各式各样巧妙的商业营销手法。

毕加索有句名言：“重要的不是一位艺术家在做什么，而在于他是什么样的人。”

这句话非常棒，用在一般人身上也同样适用。意思是……正因为有你这样的人，才会做出这么一件又一件的事。

那么毕加索究竟是什么样的人呢？我个人非常武断地说，毕加索其实就是位“行动艺术家”，他通过一次又一次的“行动”，让自己迅速走红起来。

“行动”的英文就叫“Action”。

“Action”是拍电影时，最重要的一句话。

当导演喊出 Action，剧组的所有人全都得开始动起来，或者更精准地说，所有人全都得开始“演”起来。

没错，就是“演”。

说故事的方法千千万万种，如果你的口才不好，无法像苹果的乔布斯一样，那么你可以学学毕加索。

乔布斯动嘴巴，说故事；毕加索则是动脑袋，演故事。

乔布斯的“说故事”方法叫“现实扭曲力场”；毕加索的“演故事”方法，我们则叫它“行动逆转力场”。

毕加索究竟动了什么脑筋，编了什么故事，逆转了什么力场？

我们一个一个来看。

为什么要一个一个来看呢？

因为真的有很多个，而且各个巧妙不同，值得我们好好学习。

底下，我们就来看看毕加索，他是如何通过“演故事”，让自己红起来，变成超级巨星的。

演员毕加索

Action，开始了！

毕加索行动逆转1：自我宣传

毕加索是西班牙人，他刚到法国巴黎闯荡艺术圈的时候，完全没有一丁点儿名气，所以一幅画也卖不出去。幸好，他不是等待机会的人，而是创造机会的人，他想了一个妙招来突围。他雇了好几个大学生，每天到巴黎的画店绕来绕去，离开画店之前，故意问老板：

“请问，你们这里有毕加索的画吗？”“没有，谁是毕加索？”

“请问，哪里能买到毕加索的画？”“又是毕加索，我不知道。”

“请问，毕加索到巴黎了吗？”“我不知道，毕加索到底是谁啊？”

最后，变成画店老板到处询问：“哪里买得到毕加索的画？我想进一些来卖。”

没多久，“毕加索”就变成巴黎画店老板，最陌生却也最熟悉的画家，他们对毕加索感到无比好奇。

直到时机成熟了，毕加索这才带着自己的画作，出现在巴黎各大画店。

这时，画店老板已经被毕加索的妙招喂养成饥饿的老虎，这时的他们就算看到纸扎成的兔子，也会饥不择食地扑上前来。

就这样，毕加索成功地把自己推销出去，卖出多幅画作，一战成名！

当然啦，这种说故事的方法，有一定的风险，它必须搭配画家的实力，否则日后一定会被识破。

换个说法，毕加索因为相信自己的能力，所以事先“预支”了自己的知名度。

毕加索行动逆转2：明星代言

随着毕加索越来越红，他的商业头脑也跟着不断进化。

毕加索每次去买东西时，都不付现钱，而是签名，开支票。

乍看之下，这没什么特别的。

试着想一想，如果范冰冰给你一张十元支票，上面还有她的签名，你会怎么做?

再笨的人都知道，这张支票不是拿来兑换的，而是拿来炫耀的。

知名的艺人如此，知名的画家更是如此。

因为随着时间的流逝，再怎么红的艺人都会老去，但艺术家可是会不断增值，尤其是以“作画”为职业的画家签名啊。

画家的签名其实就是一幅“麻雀虽小五脏俱全”的画作，而且是签名保证的画作，绝不是山寨品。

正因为金额不大，再加上毕加索的名气不小，所以店家根本不想拿支票来兑换现金，反而是买个框，裱起来，挂在自家的商店墙上，当作宣传。

最后，究竟是谁宣传了谁？

一个店家挂一张毕加索的支票，为的是宣传自己；但几千几百个店家一共挂了几千几百张毕加索的支票，等于大大地宣传了毕加索。

一般而言，我们必须付费给帮我们打广告的人，但毕加索这个举动，等于是反过来了，一大群人免费帮毕加索打广告，还得一一付钱给毕加索。

毕加索这个动作，在现代这个商业社会里，等于就是“明星代言”嘛。

它意味着：这家店不错喔，毕加索也曾经来光顾过。不止如此，他还签名保证呢。

再换个角度来看，毕加索每签一个名，就等于印了一张钞票。

毕加索就这样每天印钞票，每天打广告，你说毕加索天不天才？

毕加索行动逆转3：专业社交

毕加索的职业是画家，画家以卖画维生，所以人脉非常重要，因此社交是一件非做不可的事。

但社交对毕加索而言，并不容易。因为，他是一位外籍艺术家，独自在人生地不熟的法国闯荡，难度颇高，再加上他不善言辞，所以社交对他而言，确实是一个难题。

聪明的毕加索，采取了一种独特的社交策略。

首先，他选择不走沙龙展览，而是跟画商合作，由他们来帮忙卖画。

所以毕加索只要跟少数的画商，或重要收藏

家交流就行了。

怎么交流呢？当然不是靠谈话，更不是吃饭喝酒，而是利用毕加索自身的优势，画画——帮画商和收藏家画肖像画。

如此一来，毕加索有效地避开缺点，发挥优点。

更重要的是，被毕加索画肖像的人会感到无比光荣。

画肖像画这种奇异的社交方式，帮了毕加索的大忙。画画必须专注地凝视对方，画完之后又可永恒保存，这让毕加索跟画商之间，有了独特而深刻的情谊。

我认识一位桌游经销商，第一次见面时，都还没自我介绍，他就当场拆了一盒桌游，教我玩。我们边玩，边聊天，桌游玩完之后，我们的交情完全不一样了。他用他的专业，把自己推销出去。从此，我被他说服，也收服了。

自己的专业，就是最好的社交工具。

毕加索行动逆转4：创造竞争

毕加索的情人之一（他的情人很多）弗朗索瓦丝·吉洛，曾说过一句很妙的话：“来自西班牙的毕加索待人处事有斗牛士的风范，尤其涉及买卖时。”

意思是……毕加索常利用画商之间的心理竞争，来抬高他的作品售价。

卖画时，毕加索会同时找来好几位画商，然后一次只让一位画商进入他的工作室，其他画商就在前厅等候。

毕加索一一解说画的故事给画商听，从创作背景、创作意图，一直到画里的故事。于是画不再只是抽象的概念，它同时也是一个又一个充满温度的故事。当人们对画里的故事感兴趣时，画的价值就会开始往上攀升。

一如毕加索的名言：“我画的不是事物的表象，而是不能用肉眼看出的本质。”既然一般人无法用肉眼看出画的本质，那么毕加索就通过故事来让大家亲近画作。

让画作的价值攀升的，不只是故事，还包括

画商们之间的心理竞争。

“他到底有没有买那幅画？”“如果我不开高一点，这幅画会不会被他买走？”……

因为信息不对等，画商一来一往，彼此互相猜疑，毕加索就有了抬高作品价钱的空间。

毕加索行动逆转 5：异业结盟

上面提到的四种行动，让毕加索的人生彻底逆转。

毕加索红了，但只限于绘画圈子。

真正让毕加索迎风起飞，变成超级大红人的是他参与了芭蕾舞剧《三角帽》的舞台布景与服装设计。他简化了自己艰深难懂的立体主义画风，让观赏芭蕾舞剧的富商、名流，全都看懂了。当芭蕾舞剧结束，毕加索穿着别具一格的衣服向观众致谢时，全场报以如雷的掌声，仿佛他才是这出芭蕾舞剧的最大功臣。

从此，“魔术师毕加索”诞生了。

毕加索乘胜追击，随后立刻举办个人画展，

把喜爱芭蕾舞剧的富商、名流通通接收过来，变成他的粉丝。

从此，毕加索这个名字大量与时尚联结在一起，他在瓷器上作画，他为葡萄酒设计商标，他为他自己带来了巨大的名气，全巴黎的上流社会都认识他了。

毕加索从一个只会画画的艺术家，变成一个跨领域的天才。

画家很多，很容易被取代；但天才只有一个，活着的时候很值钱，死掉的时候更值钱。

人们开始疯狂搜购毕加索的作品，因为那不是出自画家毕加索，而是出自天才毕加索。

毕加索是不是天才，我们不知道。但这时的毕加索肯定是一位超级巨星。人们着迷的从来都不是明星的演技，而是明星全身上下所散发出来的一切。

史上最贵画作

哗，从以上种种行动来看，毕加索确实是个

“故事营销天才”。

现在回到最初的问题：史上最贵的拍卖品是哪一位画家的作品？

我想你应该已经猜到了，答案就是毕加索。

他的画作《阿尔及尔的女人》（O 版本），2015 年在美国纽约佳士得拍卖会上，以一亿七千九百三十六万五千美元卖出。

等等，故事还没完呢。

说完毕加索的故事，现在我们来说一说这幅史上最贵画作的故事。

如果你以为这幅画是毕加索这一辈子最才气焕发的创新之作，所以才这么贵，那你就错了。

事实上，这幅画是三位大师级画家合作完成的，分别是野兽派大师马蒂斯，以及浪漫主义画家德拉克洛瓦，最后才是立体派大师毕加索。

事情是这样的。毕加索一直以来就对德拉克洛瓦的作品十分着迷，每个月都会固定去卢浮宫好几次，就为了反复欣赏德拉克洛瓦的画作《房间里的阿尔及尔女人》。

他也多次称赞德拉克洛瓦：“那个家伙，太了不起了。”

这幅画作不断萦绕在毕加索的记忆中，直到某个契机出现，那就是：野兽派大师马蒂斯过世。

毕加索与马蒂斯之间的关系，就如同诸葛亮和周瑜的关系：一个是立体派始祖，另一个则是野兽派大师。两人的关系既是竞争对手，却又是惺惺相惜的好友，而向伟大对手最好的致敬方式就是：带着他的梦想前进。

因此毕加索说：“马蒂斯死后，将他的宫女们遗赠给我。”

他指的是马蒂斯生前的“宫女”系列画作，画中的宫女个个神情慵懒、身姿性感。

马蒂斯的离世，是促成毕加索绘制《阿尔及尔的女人》的重要动机，毕加索决定以自己最擅长的抽象画来展现马蒂斯画中的宫女。

同时，他突然灵光乍现，想起过去心心念念的德拉克洛瓦，于是决定采用《房间里的阿尔及尔女人》的构图设计。

最后，在 1954 年至 1955 年，毕加索创作了十五幅《阿尔及尔的女人》，编号分别从 A 到 O。

2015 年 5 月，佳士得纽约拍卖会上，《阿尔及尔的女人》（O 版本）以一亿七千九百三十六万五千美元成交，创下拍卖史上最贵画作的纪录。

现在，我们终于知道这幅天价画作的秘密了，那就是：马蒂斯的素材＋德拉克洛瓦的构图＋毕加索的再创造，他们三个人一起成就了艺术史上最璀璨的一颗星。

毕加索的知名度，再加上名画背后的故事，让它成了一般人茶余饭后的话题，但在行家眼中，它可是无比珍贵的宝藏。

“故事”是一门好生意，没有人比毕加索更清楚了。

我想毕加索这一生如果有什么遗憾的话，没能在他还活着的时候，天价拍卖出这幅画，应该是他一生中“最遗憾的事之一”。

毕加索生前很会卖画是一回事，因为他是个

“故事营销天才”嘛。

但为什么毕加索死后，他的画作，依然这么卖？不，是超级卖？他不是已经永远闭嘴，无法再说故事了吗？

答案是……品牌。

“毕加索”三个字，就是一个知名的品牌。

因为品牌，可以超越产品的生命周期，永无止境地传播下去。

死了之后，东西依然卖得呱呱叫，“世界上最会卖东西的人”，毕加索当之无愧。

世界上最会卖东西的人是毕加索，那谁是世界上最会卖东西的企业？

苹果？百事可乐？

都不是，答案是……《故事课 2：好故事可以收服人心》为你揭晓。

三分钟
说5040个故事

6

THE LESSONS OF
STORY

6

这一课，我要来揭露一个残忍的真相：“靶心人”这个套路是三流的。

三流的？听到三流，你可能会大吃一惊，然后追问：“为什么不直接教一流的？”

答案很简单，因为“凡套路都是三流的”。

那为什么还要学套路？

因为你目前还不入流，所以要运用套路，让你在短短的几十分钟之内，就从不入流，变成三流。

从不入流到三流，不用花太多时间。

从三流变成一流，才值得你花大把大把的时间。

不过，千万、千万、千万不要因此瞧不起三流。

三流的套路，虽然不会让你成为经典，但已经足够让你雄霸一方，在大部分的比赛里称王了。

话不是我说了算，确实有人针对“故事的套路”做过一番详细的研究，底下提出来让大家参考一下。

89％的套路

1999 年，以色列某个研究小组从各大广告比赛里，搜集了两百多个优胜作品。经过分析比对之后，研究小组发现这些优胜作品，有高达 89％的比例，可以归类在六大故事模板里。意思就是，它们大都还是有套路的，而不是独一无二的原创。

为了加强这个论点，研究小组试着反过来操作：他们把其他落选的一百多件广告作品跟这六大模板做了比对分析，结果更为惊人，只有 2％的作品可以套进六大故事模板里。

好作品有 89％是套路，坏作品只有 2％是套路，89%VS 2%，这个数字比也太惊人了。

这个研究结果，乍看之下，跟我们一般人的理解不太一样，但其实是有道理的。它验证了托尔斯泰的名言：“幸福的家庭都是相似的，不幸的家庭各有各的不幸。”

运用套路，站在巨人的肩膀上，是一件好事，但如果巨人的肩膀上站了太多人，人挤人最后不是被踩死，就是从巨人的肩膀上掉下来，那就不是好事了。

举个例子，当年在电视台工作了三十几年的老编剧，教会了我“靶心人公式：三分钟说一个完整的故事”。

我们做一个简单的假设，假设老编剧总共教了一万个学生，而他的学生我许荣哲，日后也教了一万个学生，那么一万个学生乘以一万个学生，就是一个惊人的天文数字了。

这个算法当然不精确，它只是要提醒大家一件事，当某件事全世界只有你会的时候，那就有了稀缺性，拥有稀缺性的你，就拥有了不可替代的珍贵价值。

但……如果这件事全世界每个人都会，那就没什么了不起，你跟路人没什么两样，因为没有特殊性，所以没有人会多看你一眼。

上面的两种说法，乍听之下有点矛盾，先是用以色列做的研究告诉我们“套路很重要”，后来又说“人人都会套路，所以不重要”。

所以你的意思是……

我的意思是……你一定要学套路，这样才能有效缩短学习的时间；但当你学会套路，并且开始使用套路的时候，一定要找到跟别人不一样的使用方法，这样才能让你从一堆不会飞的鸡里，挥动翅膀，凌空飞起来，变成一只翱翔天际的鹰。

第一堂课的时候，我曾夸口：学会“靶心人”七个步骤的公式，每一个人都可以在三分钟之内，讲一个完整的故事。

如果没有意外的话，今天的你，跟着我来到

第六堂课的你，已经学会讲故事了，差别只在于，讲出来的是让人眼睛为之一亮的动听故事，还是让人昏昏欲睡的无聊故事？

为什么明明大家都用同一个套路，有些人讲出来的故事就特别动听，有些人讲出来的故事就让人哈欠连连？

那是因为……你硬着来，用的是死方法。

今天这堂课，我就来教大家软着来，活用“靶心人公式”。

为“靶心人”开挂

我曾做过一个实验，不告诉学生“靶心人公式”的七个步骤顺序，而是先让学生依照自己的想象、经验或者逻辑，自己去排列组合一次。

结果让我大吃一惊，一百个学生竟然排出八九十种不同的顺序组合，也就是说，每个人都有不同的故事逻辑。后来，在不同的演讲场合，我又测试了好几回，结果依然如此，每个人对故事顺序的理解和想象，完全不一样。

是我的学生错了，还是我的编剧老师错了？

都没错，我的编剧老师整理出来的“靶心人公式”，是依照时间发生的“顺序”，再加上“因为、但是、所以”的正向逻辑所发展出来的，最简单、最直接，完全不要花腔地说故事的方式。

后来，我做了第二次实验。

我们为“靶心人公式”开个挂，七个步骤任意排列，一共可以得出 7 的阶乘，也就是 $7 \times 6 \times 5 \times 4 \times 3 \times 2 \times 1 = 5040$ 种说故事的公式。然后请学生一个一个测试，最后得到的结论是：每一种组合都可以说一个完整的故事。

听起来非常夸张，夸张得不得了，就像你一开始看到这堂课的标题一样，“三分钟说 5040 个故事”，也太扯了。但你就是被“标题”吸引了，你希望标题说的是真的，虽然你本能地认为，这一定是标题杀人法，它只是为了吸引注意力而想出来的噱头。

不管如何，你相信也好，不相信更好，现在

我就来示范给你看，任何一种组合，都可以说出一个完整的故事，不，是更好的故事。

《海的女儿》

首先，我们找一篇作品来当范例。

第一堂课时，我们曾以科幻小说之父，法国小说家儒勒·凡尔纳的代表作《八十天环游世界》为例。

这一堂课，我们换一篇作品，以童话之父安徒生的《海的女儿》(也就是大家所熟知的《美人鱼》)作为例子。

“靶心人公式”的七个步骤分别如下：

1. **目标**：王子发生船难，美人鱼正好经过，救了王子。美人鱼对王子一见钟情，从此心心念念的就是想要跟王子在一起。“跟王子结婚”是美人鱼的目标。

2. **阻碍**：人和鱼不同族类，人用双脚走路，美人鱼用尾巴游泳，两人无法共同生活在同一个水平面上。所以阻碍是“美人鱼的尾巴”。

3. **努力**：美人鱼想要一双人类的脚，于是去找巫婆帮忙。巫婆说，可以，没问题，但你必须用身上最好的东西来交换。美人鱼的歌声非常优美，她身上最好的东西是“嗓音”。此外，巫婆也说了，万一美人鱼最后没有完成她的目标，也就是没有“跟王子结婚”，那她就会变成泡沫，啵一声破掉，然后死去。巫婆说：“这样你还愿意交换吗？”美人鱼想都没想就说“我愿意”。就这样，美人鱼拥有了一双人类的脚，但也从此变成了哑巴。

4. **结果**：美人鱼上岸，跟王子有了一段短暂的美好时光。但我说过了，“靶心人公式”里的“结果”通常是不好的，如果看起来不错，那也是暂时的，很快就会幻灭。

5. **意外**：幻灭果然很快就到来了，有一天王子回家，开心地对美人鱼说，我终于找到当初在大海救我的女人了，那个人就是……听到这里时，美人鱼非常开心，她还以为王子终于记起来了，是美人鱼救了他。但没想到王子居然说，当初在大海救他的女人是……邻国的公主，他已经决定要与邻国公主结婚了。这时的美人鱼，心都碎了，但她为什么不说清楚、讲明白？原因是……她是个哑巴，她已经拿声音去换脚了。这时，读者终于了解了，为什么当初不拿头发、腋毛来换，而是非得用声音来换才行，因为如此一来，变成哑巴不能说话的美人鱼才会变成伏笔。

6. **转弯**：这个步骤最重要，因为它是连续剧的最后一集，电影的倒数十五分钟，剧情开始要由正转反，或由反变正，通往结局了。不会说故事的人，一不小心就会略过这个步骤，直接通往结局。但故事里最揪心、最刻骨铭心的地方，通常在这里。以《海的女儿》为例，美人鱼的姐姐知道妹妹快死了，于是去向巫婆求情。巫婆说，要你妹妹活下来可以，拿你们的头发来换我手上的这把匕首，只要你妹妹肯用这把刀子，刺向她最爱的人的心脏，那她就会活下来。

就这样，一个夜黑风高的晚上，美人鱼带着匕首，穿过层层的警卫，来到王子的寝宫。此刻，王子正在熟睡，美人鱼看着这张她最爱的男人的脸，脸上的表情剧烈变化，随着刀子高高举起，她的内心越来越挣扎，一边是最爱的人，一边是自己的性命，美人鱼陷入痛苦的两难折磨。美人鱼越痛苦，观众的心就被揪得越紧，戏剧就会越紧凑，越好看。

7. **结局**：比美人鱼高高举起的刀子更早落下来的是什么？有人说是刀鞘，当然不是，这不是搞笑故事。比刀子更早落下来的是眼泪。眼泪掉下来，代表美人鱼做出了选择，她把刀子往大海一丢，她选择的是……牺牲自己的性命，成全王子。就这样，美人鱼最后变成泡沫，啵一声，破掉，死去。

《海的女儿》的作者是安徒生。

对于安徒生，大家只知其一，不知其二。

大家知道的是……安徒生是童话大王，除

了《海的女儿》之外，他还写过脍炙人口的《国王的新衣》《丑小鸭》《卖火柴的小女孩》等著名童话。

但大家不知道的是……安徒生是史上“第一个”童话作家，在他之前的童话大都是搜集而来的民间故事，但安徒生的童话全都是自己创作的。

通常“第一个”创作者的作品，都带着那么一点野生野长的况味，充满原创性，但却粗糙不完美，然而安徒生的作品恰好相反，作为第一个童话作家，他一出手，就写下许许多多结构完美的作品。

为什么?

没有一件事情是偶然的，当事情发生时，它已经悄悄发生一段时间了。

原因是……安徒生在写童话之前，已经是一名编剧和小说家了。这就是《海的女儿》这个故事的结构如此完美的原因。

从“转弯”的地方说起

底下我们举三种组合，来证明任何顺序都可以重新说出一个故事，而且是更好的故事。

第一个例子：转弯→目标

在原来的“靶心人公式”里，“转弯”是第六个步骤，而“目标”是第一个步骤，现在我把它们变成第一、第二个步骤，重新来说故事，看看会有什么奇妙的变化。

故事从“转弯”这个步骤开始：

一个夜黑风高的晚上，一个蒙面人带着匕首，穿过层层的警卫，来到王子的寝宫。带刀的蒙面人引起观众的好奇，他是谁？他想干什么？

此刻，蒙面人来到王子的面前，王子正在熟睡，蒙面人拿下面纱，呵，居然是一位美丽的女孩。当美女刺客高高举起刀子时，她脸上的表情剧烈变化，随后，没有预警地，一滴眼泪从美女刺客的脸上落了下来。

现在，故事要从“转弯”转到“目标”啰。

“特写”美女刺客的眼泪落了下来，正好落在王子的额头上，眼泪溅了开来，画面转换，飞溅的眼泪变成了惊涛骇浪，而王子就在海浪中载浮载沉，突然一个闪电，伴随着一个大浪，把王子卷进大海里。

就在王子昏迷，沉入大海的前一刻，一只人鱼迅速游了过来，把王子救了起来。这时，特写人鱼的脸，哗，这不是一开始那个蒙面刺客吗？

一个顺序的改变，平凡无奇的故事瞬间起了大变化，它让观众在短短的几分钟之内，好奇连连：为什么要蒙面？为什么要杀人？为什么会落

泪？为什么从人鱼变成人？一连串的为什么。

这时，所有人都被你的故事吸引了，奇怪了……这不是人人都熟得不得了的《海的女儿》故事吗？为什么一个转弯，就突然超新星大爆炸似的，发射出会把人刺瞎的耀眼光芒？

下一堂课，将为你揭晓其中的奥妙。

对了，现在你相信即使使用同一个套路，也会产生平庸与天才的天差地别了吧！

虽然你现在距离平庸近一些，但不用担心，天才的曙光已经出现了，你要相信那是你的曙光，为了荣耀你而诞生的光明，就要来了。

故事强力胶：相似物转场

7

THE LESSONS OF STORY

7

上一堂课，我们提到将“靶心人公式”的七个步骤，任意排列之后，一共可以得出 $7 \times 6 \times 5 \times 4 \times 3 \times 2 \times 1 = 5040$ 种说故事的方法。

我想……直到现在，你一定还对上面这段话，感到半信半疑。没关系，这很正常，因为它听起来确实不可思议，即使上一堂课我们已经举了一个例子，但不够，远远不够，我们必须再多举几个例子，并且清楚地让你知道，5040 种说故事方法的窍门在哪里。

这一堂课的目的就是要让你相信“一个故事真的可以有 5040 种说法”，并且是具体可行，人人都可以实践的。

七个步骤的任意排列，意味着情节不是依照

时间顺序发展的，而是随机拼贴的。想象一下，一张完整的图画，你把它剪成七大块，最后你希望它们能变回一张，这时的你需要什么？

你需要有一个类似胶水的东西，帮你把七大块粘起来。但有了胶水还不够，因为随机的碎片连接起来，肯定坑坑巴巴，丑得不得了。所以这时的你，还必须有一个修图的工具。

有了“胶水＋修图工具”，你就能把两张不相干的图，完美地连接起来。以电影来比喻，就是把前后两个完全不相干的场景，利用“转场”的技巧，把它们巧妙地连接起来。

相似物转场

什么是转场？怎么转场？

所谓场，其实就是场景。一部电影是由很多“场景”连接起来的。

上一回，我们提到《海的女儿》时，其实就举了一个转场的例子，从“转弯”这个步骤，跳接到“目标”那个步骤。

美人鱼因为不忍心杀害王子，而掉下眼泪，眼泪落在王子的额头上，飞溅了开来，这时画面跳接成了惊涛骇浪，而王子在海浪中载浮载沉，美人鱼适时出现，救了王子，这是两人相遇的最初……

从安静无声的王子寝宫，跳到狂风暴雨的大海，两个场景差异超级大，根本无法把它们直接连起来，然而为什么说完这两段情节之后，观众不仅没有觉得突兀，反而觉得精彩无比呢？为什么？

原因是我们偷偷用了“胶水＋修图工具”，把两个不同时空的场景，天衣无缝地连接了起来，也就是用了电影里的“转场的技巧”。

电影的转场技巧非常多，这一堂课，我们把焦点锁在其中一个最适合拿来说故事的转场方式，它叫“相似物转场”。

什么是相似物转场?

从皇宫里，王子额头上溅起的眼泪，跳接到大海，滔天巨浪里载浮载沉的王子，这就是相似物转场。

《2001太空漫游》

举个电影史上最经典的例子，美国导演斯坦利·库布里克于1968年拍摄的科幻电影《2001太空漫游》。

简单描述一下故事大纲：

2001年，发现号宇宙飞船被派往木星出任务。由于旅程中出了状况，导致主人公大卫博士等人，决定关闭宇宙飞船上的超级计算机HAL。HAL有着人类的思维，他认为关闭主机的意思就是要杀死他，于是HAL决定先发制人，你要我死，我就让你死。超级计算机 HAL 发了疯似的，一个接着一个，杀死人类。

电影里的“相似物转场”，出现在电影开场后不久，从人类还没出现的远古时代，跳接到人类已经登陆月球，并在月球设立基地的太空时代。

黑猩猩从一个神秘的黑石板得到灵感，他们在遭受其他族类攻击时，捡起地上的动物兽骨，当作武器，成功击退敌人。其中一只黑猩猩振臂欢呼，兴奋地把兽骨朝空中一抛，画面变成慢动作，兽骨缓缓朝天际飞去，然而当兽骨落下时，跳接的画面是一艘在太空中航行的宇宙飞船。

两个场景之间，在距离上，地面与天空相距千万里；在时间上，远古和太空时代相隔了千万年。

两个相距千万里、千万年的时空，导演巧妙地利用兽骨与宇宙飞船两个外形都是细长的相似处，把它们有效连接了起来。

从高高落下的兽骨，到航行在太空中的宇宙

飞船，一个“相似物转场”的技巧，华丽地切换了时空。

《现代启示录》

我们再举一个例子，同样是电影史上经典的例子，美国导演弗朗西斯·科波拉于 1979 年拍摄的《现代启示录》。

简单描述一下故事大纲：

1968 年，“越战”期间，特种部队上尉威拉德，奉命前往越南丛林去暗杀一名叛逃的上校。上校在丛林深处占地为王，他不只成立自己的军队，还被当地的土著当成神明膜拜。

好不容易来到丛林深处的上尉威拉德终于找到上校，然而在一连串的变态杀戮过程中，威拉德已经不知不觉变成另一个上校。故事结尾，威拉德不只杀死上校，还取代了上校，成为丛林里新任的神明。

简单一句话说完，这个故事讲的就是最初打

击恶魔的英雄，却因为过程中的恐惧、权力，而开始腐化，最后却变成自己原本要消灭的恶魔。

电影里的“相似物转场”如下：

小旅馆里，电话突然响起，长官要上尉威拉德立刻销假，去执行一个暗杀任务。感冒再加上艰巨的任务，让少尉头痛得不得了，他无奈地望着头上不停转呀转的老旧电风扇，随后跳接下一个画面，直升机的螺旋桨轰隆隆地转呀转，镜头往下带，上尉已经穿好军装，坐在直升机里，准备深入丛林，去执行暗杀任务了。

有没有注意到，电影利用两个“相似物”（转动的电风扇和螺旋桨），就把两场不相干的戏流畅地连接起来了，观众甚至没察觉到时间的流逝——现实人生中，上尉从挂上电话到坐上直升机，可能还发生了从床上弹起、穿上军服、买感冒药、坐车回部队……最后才坐上直升机。

然而电影巧妙地运用了一个“相似物转场”的技巧，从小旅馆里的电风扇，到丛林上空的直升机螺旋桨，就有效、迅速，大步推进了情节。

现在我们已经很清楚电影里的“相似物转场”，在说故事上，可以帮我们达到两个重要的效果：

一、华丽地切换时空。

二、迅速地推进情节。

以上两点，虽然有相当程度上的重叠，但在本质上是不一样的。

《2001 太空漫游》的时间、空间，天差地别；至于《现代启示录》的时间、空间，虽然不同，但基本上它们在同一条轴线上，转场的目的不是为了时空转换。删去不重要的枝节，才是它的重点。

现在我们就利用“相似物转场”，重新说一遍安徒生《海的女儿》的故事。上一堂课已经举了一个例子，这一堂课，我们继续举第二个例子、第三个例子。

从“悬疑”的地方说起

《海的女儿》的第二个例子：从“结局”跳接到“目标”。

“结局”是第七个步骤，而“目标”是第一个步骤。

现在我们利用“相似物——气泡”来转场。

故事来到终点，当美人鱼的眼泪掉了下来，她把刀子往大海一丢，美人鱼变成了气泡。气泡一直往上飞、往上飞，飞进了刺眼的太阳里。这时，观众的眼睛一黑，啵啵啵……我们听见气泡破掉的声音，美人鱼死了？但为什么不是一声，而是连续好几声？

眼睛再睁开，不是一颗气泡，而是一连好几颗气泡，不停地往上升，啵啵啵……这不是被太阳刺破的气泡，而是从海底升上来的气泡，谁在制造气泡呢？

是住在海底的美人鱼，她不断吐着气泡，看着不断上升的气泡，她叹了一口气说：“真羡慕这些气泡，它们可以到海面上，去看看这个辽阔的世界。”

紧接着，突然传来求救声，海面上的王子发生船难。海底下的美人鱼顾不得大人的禁令，立刻游到海面上去救王子，美人鱼对王子一见钟情。

就这样，美人鱼变成死亡气泡之后，却接上最初的美人鱼吐出的希望气泡，一个是结局，一个是目标，两者距离十万八千里，却能有效利用“相似物转场”这个技巧，让剧情起化学变化，开始细说从头……

从“结局”的地方说起

现在我们再举《海的女儿》的第三个例子：从“意外”跳接到“努力”。

“意外”是第五个步骤，而“努力”是第三个步骤。

现在我们利用“相似物——水晶球”来转场。

有一天，王子回家时，开心地对美人鱼说，

我终于找到当初在海面上救我的女人了，那个人就是……听到这里时，美人鱼非常兴奋，她还以为王子终于记起来了，是美人鱼救了他。但没想到王子居然说，当初在海面上救他的女人是……邻国的公主，他决定要与公主结婚了。美人鱼听了，心都碎了……

紧接着，转场画面出现了：“美人鱼从极度兴奋，转为无比心碎”的画面，随后出现在巫婆的水晶球里。

原来巫婆利用水晶球，早一步看到了美人鱼未来的遭遇。

看着水晶球里，美人鱼失落的表情，巫婆重重地叹了口气，然后说：“傻孩子。”

随后，叩叩叩，敲门声响起，门一打开，进来的正是美人鱼，这时候的她还有着人鱼的尾巴，她还不知自己的未来会怎样，此刻的她一心想要一双人类的脚，但由于观众已预先看到美人鱼的结局，所以美人鱼越真诚地向巫婆请求，观众就越感到心痛。

利用水晶球这个相似物，我们把第五个步骤“意外”和第三个步骤“努力”，完美地连接起来了，而且让观众产生了完全不同的情绪感受。

以上，我们一共举了三种说故事的方法：

第一种，从最令人感到悬疑的地方开始说起：美女刺客为什么要杀王子？

第二种，从结局的地方开始说起，然后再细说从头：美人鱼为什么会变成泡沫？

前面两种说故事的方法，在叙事张力的营造上非常有效，因此经常被使用在电影、电视等戏剧类型的节目上。

第三种，则相对比较少见，但它所营造出来的惊喜程度，完全不输前两种。这证明了只要能够找到像“水晶球”这么精准又巧妙的相似物来转场，故事不管从哪里开始，下一个步骤怎么接，都能说出一个让人耳目一新的精彩故事。

现在你被说服了吗？

将“靶心人公式”的七个步骤，任意排列之后，一共可以得出 $7 \times 6 \times 5 \times 4 \times 3 \times 2 \times 1 = 5040$ 种说故事的方法。

你被说服了，很好。

还没被说服，更好。

乔布斯的人生转场

接下来，我们要用最后一个例子来结束这一堂课，不再用天马行空，怎么说都通的童话故事，而是用扎扎实实的人生历程，苹果乔布斯的真实故事。

如果你忘了乔布斯的故事，可以翻回第一课，复习一下。

乔布斯的人生故事从哪里开始好呢?

嗯，就从“意外”跳接到“努力”，跟《海的女儿》的第三种说故事方法一样，属于比较少见的那一种。

现在我们利用“相似物——咬了一口的苹果”来转场。

乔布斯离开苹果后，不仅自己成立了计算机软件公司，还从《星球大战》导演乔治·卢卡斯手上收购了皮克斯动画工作室。

这一天，当乔布斯从充满欢笑声的电影院走出来时，他知道皮克斯的动画电影《飞屋环游记》也成功了。

这是继《玩具总动员》《海底总动员》之后，再一次的成功。

乔布斯选择在电影还没结束前，走出电影院，原本是想避开追着他采访的影剧记者，但没想到反倒遇到了他更不想见的人——把他赶出苹果的高层，现在他们回过头来，想找乔布斯回苹果。

如今的苹果，经营陷入困境，市场占有率跌到惨不忍睹的 4%。一年亏损十亿美元。市场上传得沸沸扬扬，如果没有奇迹发生，苹果撑不了九十天。

乔布斯在前面跑，苹果高层在后面追，一不

小心，乔布斯撞倒了水果摊，一颗颗的苹果掉落下来。

其中有一颗苹果，滚得特别远，它像乔布斯一样，也在躲避众人的追赶似的，一路滚啊滚的……

滚啊滚的苹果，突然被一只凭空伸出的手拦了下来，这只手把苹果捡了起来，然后咬了一口。

咬了一口苹果的人是年轻时的斯蒂夫·沃兹尼亚克，他是乔布斯的朋友，他们俩在自家车库成立了一家电脑公司，现在正在为这家刚刚成立的计算机公司取名字。

“叫什么名字好呢？”年轻的乔布斯已经苦恼老半天了。

看着沃兹尼亚克一边设计计算机，一边咬着苹果，咔滋咔滋的，乔布斯突然有了灵感：“苹果，就叫苹果如何？”

这一年乔布斯才二十一岁，他和朋友斯蒂夫·沃兹尼亚克，在自己家的车库，成立了苹果公司。

随时随地，三分钟说一个完整的故事，已经够令人羡慕了。

如果同一个故事，还可以像万花筒似的，变幻出 5040 种说法，那么你绝对有资格宣称自己是天才。

以上，就是我经常宣称自己是天才的原因。

现在你已经知道，那些看起来厉害到不行的说故事方法，其实都是有窍门的，而且你也已经摸清楚这些窍门了。

所以我再也不能在你面前自称是天才了吗？不，这门课还没来到终点呢。

还有更厉害的说故事方法，还没端出来，所以啊，在你面前的我，依然是个天才。

用故事来逆转胜

8

THE LESSONS OF

STORY

8

上一课，我们提到了“转场”，简单来讲就是让两个时空情境差异很大的场景，平滑顺畅地转换过去，让观众在不知不觉中，从 A 场景来到 B 场景。

我们举的例子是影史经典作品，美国导演斯坦利·库布里克于 1968 年拍摄的科幻电影《2001 太空漫游》。黑猩猩把兽骨朝空中一抛，画面变成慢动作，兽骨缓缓朝天际飞去，然而当兽骨落下时，跳接的画面是一艘在宇宙中航行的宇宙飞船。

两个相距千里、万年的时空，导演巧妙地利用兽骨与宇宙飞船两个外形都是细长的相似处，把它们有效地连接了起来。

这个叫“相似物转场”。

这一堂课，我们要用类似的手法，将负向的、挫败的、人人指责的场景，漂亮地转一个弯，最后变成正向的、成功的、人人鼓掌的场景。

用一句简单的话来讲，就是“败部复活，逆转胜”。

我犯了十恶不赦的罪

关于“逆转胜”，我有个非常牛的故事。

去年，台湾一家资本额前三大的企业找我去演讲，主题是“故事的力量”。

对方显然事先做了一些功课，除了知道我善于教人家说故事之外，连我的小毛病，他们也了如指掌。

电话那头的秘书第一次跟我联络的时候，就告诫我：“许老师，我们做了一些调查，知道你个人有迟到的毛病。对你而言，这或许是个小毛病，但对我们公司而言，这是十恶不赦的罪过。”

没错，她用了“十恶不赦”这个词。

随后，秘书给我举了两个例子：

一、公司早上八点上班，但他的老板，每天都提前一个小时，也就是早上七点就到了。

二、去年，台湾大地震，死伤惨重，地震当时是凌晨两点多，在没有人通知的情况下，全公司的人凌晨四点就全部集合完毕。

秘书的意思就是，他们公司一向以铁的纪律闻名，迟到是十恶不赦的大忌。

秘书苦口婆心的警告，我听是听进去了，但“狗改不了吃屎”。演讲那一天，天不时地不利人不和，除了我个人习惯性地小迟到之外，很不幸地，刚好又遇上大雨，交通堵塞，所以我硬是迟到了一个多小时。

三个小时的演讲，只剩下一个半小时。

在公司门口等了我老半天的秘书，看到我终于出现的时候，露出巨大的痛苦表情，她说：“许老师，我不是再三警告过你吗，什么事都可以发生，就是不能迟到。今天这场演讲已经毁了，等一下你进去的时候，也不用道歉了，每个人都会道歉，你进去之后，自己找个台阶下吧，我救不了你了。”

不，我一点都不想找台阶下，我的目标只有一个，那就是照原计划：演讲、演讲、演讲。

唯有通过演讲，把我的长处表现出来，我才有机会逆转胜。

随后，秘书带着我，一边往公司里面走，一边嚷嚷着：“唉，许老师，我被你害死了。”

从门口到演讲厅，大约 30 秒的路程。

我必须在 30 秒之内，找到一个合适的“转场”故事，把眼前的绝对劣势逆转过来。

30 秒开始倒数了，30、29、28……

丘吉尔、威尔逊：“闹场”的反击

现在，先让我们把时间，按下暂停。

在找到合适的转场故事之前，我脑中闪过好几个关于转场的故事。

这些转场故事大体分成两大类，一类是可以轻松以对的，另一类是必须严肃面对的。

我们先来说两个可以轻松以对的转场故事。

第一个是英国首相丘吉尔的故事。

丘吉尔某次公开演讲时，台下有个不以为然的听众，听到一半就突然走上前，突兀地打断演讲，把一张字条交给丘吉尔之后，就转身离开了。

丘吉尔打开字条一看，上面写着大大的两个字——“笨蛋”。

很显然地，是反对丘吉尔言论的反对派人士。

这时的丘吉尔可以暴跳如雷地冲上前去跟对方理论；或者完全不理会，假装没这回事，但心中生着闷气，继续往下演讲。

但丘吉尔采取了另一种方式来应对，他转了一个漂亮的场。

丘吉尔把字条上的“笨蛋”秀给台下的观众看，当观众还在为眼前的场面感到尴尬时，丘吉尔说：“哎呀，这位观众来去匆匆的，丢下字条就走了，很显然有急事要忙，但他只写下自己的名字，却忘了写内容。”

丘吉尔临机应变，幽默地把骂自己的内容，

“笨蛋”，巧妙地变成对方的名字。

台下的观众听了，瞬间哄堂大笑，尴尬立刻化解，原本落居下风的丘吉尔立刻占了上风。

丘吉尔一个漂亮的转场，完成了两件事。

一、把笨蛋之名，还给了对方。

二、赢得在场所有人的掌声和敬佩。

千万不要小看这个故事，它最厉害的地方是让丘吉尔名传千古，甚至比他带领英国战胜德国，以及作品《第二次世界大战回忆录》获得诺贝尔文学奖，这些重要的伟大事迹，流传得更久远。

好东西就要立刻学起来，因为随时可能用得到。

例如，后来的英国首相威尔逊，他在某次演讲时，台下有人捣乱，高声打断他的话，并且大叫“狗屎、垃圾”。

这时，威尔逊如果原封不动，直接复制丘吉尔的幽默，就会变成：“这位狗屎先生，你想表达的是什么？”

乍听之下，这样的回应很爆笑，但你很可能

会因此而激化冲突，让场面因你的一句话而失控。

不要一对一去挑衅他（他就是不甩你，才会当面呛你），而是适度地转移焦点，利用多对一（也就是群众的力量）去压制他。

当时，威尔逊是这样回应的，他不慌不忙地说：“这位先生，少安毋躁，关于你提到的‘环保问题’，我们等一下就会讲到。”

非常不卫生的脏话，“狗屎、垃圾”，居然被威尔逊轻轻一转，变成了非常卫生的环保问题。

全场观众听了，都为威尔逊的机智鼓掌，这时骂威尔逊的人，也因为自讨无趣，再加上无力对抗所有的人，而闭嘴了。

比尔·盖茨：“抄袭”的反驳

说完可以轻松以对的故事之后，我们来讲一讲必须严肃面对的故事。

底下的例子来自微软的创办人比尔·盖茨，他的对手不是上面故事里名不见经传的小角色，而是苹果的乔布斯，那个擅长现实扭曲力场、口才一流的乔布斯。

哇，这个难度实在太高了。

1983 年，比尔·盖茨的微软公司宣布将推出 Windows1.0 操作系统。这件事引起苹果乔布斯的巨大愤怒，原因是当年的微软帮苹果的麦金塔计算机开发软件，但后来却自行研发出和苹果的“图形界面”类似的产品——Windows 操作系统。因此，乔布斯认为比尔·盖茨偷了苹果公司的东西。

乔布斯要他的下属把“那个小偷”比尔·盖茨叫到苹果，准备兴师问罪。

比尔·盖茨大可以逃避，但他没有，他不只单枪匹马赴会，还在苹果员工的层层包围之下，一个人单独面对愤怒的乔布斯。

气炸的乔布斯指着比尔·盖茨的鼻子咒骂：“我那么信任你，你却偷走我们的东西！”

比尔·盖茨没有愤怒以对，也没有反唇相讥，而是用非常理性的口吻说了一个简短的小故事：

“史蒂夫，我理解你的愤怒，但我们可以换另一个角度来看这个问题……”随后，比尔·盖茨说出了科技界最经典的反驳：

“我觉得现在的情况更接近这样——我们都有个有钱的邻居，叫施乐。我闯进他们家准备偷电视的时候，发现你已经把它……偷走了。”

比尔·盖茨并没有否认自己偷东西，只是他认为自己是从施乐那儿偷来的，而不是从苹果那里。

施乐是谁呢？它是最早使用图形界面的公司，只是它在 1981 年开发出来的“图形界面”计算机“施乐之星”，销售不佳。但苹果乔布斯却看好图形界面的未来，两年后，也就是 1983 年，他在“施乐之星”后面，推出了图形界面操作系统 Lisa OS（其中，Lisa 就是乔布斯女儿的名字）。

因此，同年 11 月，当比尔·盖茨宣布将推出“图形界面”的 Windows1.0 操作系统时，乔布斯才会那么生气。

现在，我们要把比尔·盖茨的话重复一遍，

因为它是科技界最经典的反驳，后来很多人学比尔·盖茨，来作为被指控“抄袭”时的反驳。

“我觉得现在的情况更接近这样——我们都有个有钱的邻居，叫施乐。我闯进他们家准备偷电视的时候，发现你已经把它……偷走了。”

比尔·盖茨的意思是……表面上是我偷走了你的东西，然而实际上是……这个东西也是你偷来的。

我刚才说过了，好东西就要立刻学起来，因为随时可能用得到。

但学得好，学不好，就是另外一回事了。

2011 年，苹果控告三星的平板电脑 Galaxy 在外观和风格设计上，抄袭了苹果的 iPad，并提出禁止三星销售的要求。

这项指控发生效用了，欧盟禁止三星在荷兰以外的所有欧盟国家出售 Galaxy Tab 10.1 平板电脑。

为了反击，三星必须找到比苹果的 iPad 更早

出现的技术，好证明苹果的 iPad 不是原创。

以刚才提过的比尔·盖茨为例，就是找到比苹果更早使用图形界面的人或产品。

最后，三星终于找到了，并且把它提交给美国法院，作为反驳苹果的举证。只是三星举证的例子很特别，它不是其他科技公司的相关产品，而是一部科幻电影。

这部电影就是上一堂课我们提到的，1968 年的经典科幻电影《2001 太空漫游》。电影里有个画面，两位航天员一边吃着早餐，一边看着类似平板电脑的装置。电影里的装置确实与现在的平板电脑非常相像，都是长方形、大荧幕、平面、轻薄设计。只不过，电影里的装置只能看，不能用手指触控操作。

在专利诉讼的长河里，从科幻电影里找证据，三星算是开了历史的先河。

至于最后的结果嘛……法院驳回了三星这个奇妙的举证。

1983 年，微软比尔·盖茨对愤怒的乔布斯说出来的反驳，简直就像一把锋利的刀子，直直地刺进乔布斯的心脏。

至于二十八年后，2011 年三星对苹果的反驳，却带着浓浓的……荒谬感。

“我被外星人绑架了”

说完上面几个转场的故事，现在让我们回到最初的故事——我被邀请到某大企业演讲，主题是“故事的力量”，然而三小时的演讲，我却迟到了一个半小时，现在我必须在 30 秒内，找到解决的方案，否则我就会被扫地出门，并且被列入该企业的黑名单，永远不再录用。

30 秒，够了，已经比英国首相丘吉尔和威尔逊多太多了。

我是这么做的——

一进演讲厅，看到脸臭到不行的大老板和他的员工，我抢在他们说话前，先声夺人——

我说："各位，我今天之所以迟到，是因为碰到了一件不可思议的事。这件不可思议的事跟你们公司有关，跟老板你有关，跟钱有关……但在讲这件不可思议的事之前，我必须先讲个小故事。"

故事是这样的……有个老实的工程师某天接到一通电话，对方是个贵妇，她说你们的火车离我们家太近了，我每天都被火车吵得睡不着觉，所以你们必须负起责任。

工程师调查了一下，不会吧，铁道距离贵妇家，最近的距离是十公里，怎么可能会吵到睡不着觉?

贵妇说："不管，你来我家实际体验一下，就知道有多吵了。”

工程师没有办法，只好去了贵妇家。

实际体验的结果，工程师说：“完全没有声音啊。”

贵妇一脸不高兴：“你怎么那么迟钝啊，我每晚躺在床上，都被火车震得睡不着觉，你躺到我床上去试试看，就知道震动得有多严重了。”

工程师没有办法，只好爬上贵妇的床，静静地等火车经过。

等着、等着，贵妇不见了。

等着、等着，贵妇的老公回来了。

贵妇的老公一看到老婆床上有个陌生的男人，整个脑袋冒火，恼怒极了，他气冲冲地问：“你是谁？在我老婆床上干什么？”

当工程师正要回答时，贵妇从浴室里走了出来，很明显地，她刚才去洗澡了。

贵妇的老公一看到老婆从浴室走了出来，身上还滴着水，简直气炸了。

他愤怒地质问工程师：“你到底在我老婆床上

干什么？”

工程师吓坏了，但他是个老实人，只会实话实说，于是他支支吾吾地说：“我、我、我在你老婆床上等、等、等……火车经过。”

“在我老婆床上等火车经过？”

“没错，在你老婆床上等火车经过。”

如果你是贵妇的老公，你会相信眼前这个陌生男人的话吗？

底下的大老板和他的员工们一边笑，一边摇头。

“没错，没有人会相信这么奇怪的话。那……这个故事究竟要告诉我们什么？”我问底下的大老板。

大老板摇摇头。

我说：“这个故事告诉我们——不管事情看起来多么不可思议，它都有可能是……真的。”

我接着问：“你们认同这句话吗？”

大老板和他的员工们都点头了。

“很好，既然你们认同这句话，那么现在我要告诉你们，我之所以迟到，原因是……我来的路上，被外星人绑架了。”

被外星人绑架？有人瞬间愣住，有人当场扑哧笑了出来……

我继续说：“外星人告诉我两个秘密，这两个秘密跟钱有关，跟大老板你有关，跟你们公司有关。但现在我不能告诉你们这两个秘密，必须等到我演讲完之后，才能告诉你们。”

然后，不管大家的反应，我就自顾自地开始了当天的演讲。

一个多小时过去，我讲完当天的主题“故事的力量”了。

演讲完，我知道我过关了，大老板的气早就消了，他现在只剩下好奇。

好奇外星人到底对我说了什么秘密。

演讲结束，我开始收拾东西，准备走人时，大老板急忙叫住我：“许老师，先别走，你还没说外星人到底对你说了什么。”

整个演讲过程中，大老板的心一直悬吊着，他被我一开始说的，跟钱有关，跟公司有关，跟他有关的外星人秘密牵着走。

我笑了笑，对大老板说："外星人对我说啊，迟到就必须道歉，对不起，我迟到了。外星人还说啊，迟到就必须付出代价，所以我们今天的演讲，不收费。"

说完，我继续收拾东西，潇洒地走出演讲厅。

一出演讲厅，秘书立刻从后头追了上来。

秘书气喘吁吁地说："我们老大说啊，他很想给你演讲费，但你说得没错，迟到就必须付出代价，所以这次就不给你钱了。但他觉得你讲得太好了，因此他希望你再来三次。"

随后，秘书拿出一个信封袋给我，她说："这是预约下三次演讲的钱，先给你。记住，不要再迟到了喔。"

哇，我的迟到不仅没有得到惩罚，反而意外获得了三倍的演讲费。

故事还没结束，后面三次的演讲结束后，秘

书又从后面追了上来，她说："我们老大一直犹豫着要不要把第一次的演讲费还给你，但他左想右想，还是觉得如果还你钱，那就太没有原则了。于是他最后决定，送你一个'束脩'。"

所谓"束脩"，就是肉干，古时候，学生给老师的学费。

秘书给我一个信封袋，里面是……两次的演讲费。

哇，一个"不管事情看起来多么不可思议，它都有可能是……真的"的转场故事，帮我从负面处境，巧妙地转了场，从极度的劣势，变成了极度的优势。

故事转场不只帮我避开了"永不录用"的臭名，相反地，它还为我挣得了五倍的演讲费。

不止如此，后来这家公司就经常找我去演讲，办活动，并且一直合作到现在。

以上，因为迟到而冒出来的一连串故事，强而有力地证明了当天我的演讲主题：故事的力量。

这个“被外星人绑架”的故事，看起来很牛，其实你也说得出来。

如果全世界只有我说得出来，那就是我在炫耀了。事实上，只要通过三个步骤，你也可以说出逆转胜的故事。

步骤 1. 先说故事：工程师在贵妇床上等火车经过。

步骤 2. 偷换概念：不管事情看起来多么不可思议，它都有可能是真的。

步骤 3. 真正的话：利用“被外星人绑架”这个“不可思议，但还是有可能是真的”故事，带出真正想说的话：迟到要道歉，迟到必须付出代价。

三个步骤，就这么简单！

我相信以你现在的程度，肯定可以学会。

然而下一步才是最艰难的：认真相信，并且加以实践！

史上
第二厉害的故事心法

9

THE LESSONS OF
STORY

9

课程开始之前，我们先来看两个标题。

第一个标题："历史上最聪明的天才排行榜，提出相对论的爱因斯坦只排名第九。"

第二个标题："中国五千年，十大军师排行榜，诸葛亮只排名第四！"

看完这两个标题之后，你在想什么？

你在想历史上超越爱因斯坦的其他天才到底是谁啊？

你在想超越诸葛亮的军师到底是谁啊？

同样的道理，这一堂课叫"史上第二厉害的故事心法"，那么史上最厉害的故事心法究竟是什么啊？

正确答案是……你得等到下一堂课才能知道，因为这一堂课，我们要说的是"史上第二厉害的故事心法”。

《宁静祈祷文》

年轻时，我最喜欢的一段话是一段祈祷文。

它是这么说的：

“主啊，请赐给我平静，让我去接受那些不能改变的事。

“主啊，请赐给我勇敢，让我可以去改变那些可以改变的事。

“主啊，最后请赐给我智慧，让我可以去分辨这两者之间的差别。”

第二次世界大战期间，在那个最动荡的年代，美国著名神学家尼布尔写下的《宁静祈祷文》，传遍全世界，变成二十世纪最著名也最经典的祈祷文。

这段《宁静祈祷文》就是史上第二厉害的故事心法的最佳模板。

仅仅三句话，一层又一层再一层地往上叠加，先是内在的平静，然后是外在的勇敢，最后“智慧”这句话一出，立刻统合了前两者，“可以改变的事”和“不能改变的事”，也就是所有的事都被包含其中。

一句话就让整个人的内在宇宙，全都燃烧，灿亮了起来。

《拯救大兵瑞恩》

这一堂故事课的主轴就是“宁静祈祷文”里的“智慧”。

智慧的故事很多，这一堂课要谈的不是那种脑袋灯泡突然一亮，就冒出一个好点子的小聪明，而是像上面的祈祷文一样，先用理性和感性一步一步把故事慢慢垫高，当高到不能再高时，最后再用“智慧”来统合、收尾的那种故事。

这样的故事，我把它称为“史上第二厉害的故事”。

举个例子，美国知名导演斯皮尔伯格的经典名作《拯救大兵瑞恩》。

第二次世界大战期间，美国有位母亲的四个儿子都上了战场，然而不幸的是，其中三个接连战死于世界各地的战场，这个可怜的母亲将一次收到三封儿子的“死亡通知书”。

为了给这个可怜的母亲留下最后一线希望，美国国防部希望派出八人小组来抢救最后一个儿子，四兄弟里面的老幺瑞恩，这就是片名的由来。

拥有最后决定权的是马歇尔将军，然而他面临了两个力量的拉扯，一边是感性的派兵援救，一边是理性的反对救援。

站在感性一方的是个断了一只手臂的上校，他支持派兵救援，因为就是他把三封“死亡通知书”送到马歇尔将军那里的。此外，他的断臂也暗示了观众，他是个从战场上捡回一命的人，深刻理解战争的残酷，是个拥有同理心的代表人物。

至于站在理性一方的是个满头白发的参谋，他反对派兵，理由是这样的——

当断臂上校说“小儿子空降到纽夫维附近，深入敌区”时，白发参谋立刻反驳：“我们不知道他空降到哪里，据报101部队四分五散，空降到错误的地点，就算他没死，也不知道在哪里，很可能早已阵亡，要是我们派出搜救小组，他们得闯过德国火力范围，一定也会阵亡。”

满头白发，实际年龄却不老的参谋，是个用头脑思考、理性判断的人，他善于分析，讲的话非常有道理，但却不带一丝感情。

一边是理性的白发参谋，一边是感性的断臂上校，他们两位都有各自的立场，也有各自的道理，马歇尔将军该怎么决定呢？

此刻，马歇尔将军面临了两难的抉择，然而抉择并不是最难的，最难的是……该如何让理性与感性两方人马都能被说服，这就需要智慧了。

马歇尔将军听完双方的分析之后，没有直接下决定，而是回到自己的座位上，打开抽屉，拿出一本《圣经》，里面夹着一封信。

为什么把信夹在《圣经》里？

《圣经》讲的是信、望、爱，而爱更是其中最重要的美德，因此这封夹在“爱”里的信，正是将军的信念。

马歇尔将军念信里的内容给理性与感性的两方听："我有一封信，很久以前写给波士顿的毕太太，请听我读：女士，陆军部把麻省军务局局长一封信转交给我，您有四个儿子，都在战场上壮烈牺牲，您受到这么大的打击，我再怎么安慰也无济于事，不过我必须在此向您致谢……"

念到这里，将军放下信，但嘴边没有停，继续往下念，这代表什么？代表他早就背下来了，永远留在心底。

什么东西值得背下来，留在心底？答案是信念。

马歇尔将军继续念道："他们是为了拯救合众国而死，希望天父能安抚您的悲痛，让您留下爱子美好的记忆，以及他们为自由而战的骄傲。"

信的最后署名是"亚伯拉罕·林肯"。

哇，原来这封信是美国南北战争时，总统林肯写给一位死了四个孩子的悲痛母亲的信。

将军的信一念完，这时连最理性、坚决不派兵的白发参谋，都只能点头，连他也被说服了。

因为马歇尔将军的信念是——他不会让这样的悲剧，再一次发生。

将军最后扫了一眼众人，但这次不再问大家的意见，而是坚决地说："那孩子还活着，派人去找到他，然后让他远离战场。"

注意到了没有，将军用的是肯定句，不容众人反驳的肯定句。

严格来说，"那孩子还活着"这句话明显不合理，因为按照白发参谋的说法，瑞恩大兵生死未卜，但将军却肯定地说"那孩子还活着"。

如果要合理，将军应该说："那孩子可能活着、可能死去，但不管如何，去救他，让他远离战场。"

有没有察觉到，将军的话一旦合理，力量全都消失了。

因为唯有相信那个孩子还活着，他才有活下来的机会。

“那孩子还活着”，不合理的一句话，让将军不仅有了威严，也同时有了信念。

一封夹在《圣经》里的信，再加上结尾亚伯拉罕·林肯的署名，强而有力地塑造了将军的坚强意志，以及爱的信念。

这种先说理性和感性，最后再用智慧来统合的故事，就是我认为世界上第二厉害的故事。

赛局理论

让我们再来举个例子，故事出自“赛局理论”。所谓“赛局理论”，就是策略性思考，在互相影响的环境之中，设法找出最适合自己的行动。

故事是这样的……甲带着一块大饼出门，乙带着两块大饼出门，半路上，素昧平生的两人偶遇了。

甲、乙两人相谈甚欢，于是提议一起分享带来的大饼，甲一个，乙两个，合计三个。虽然乙比甲多一个，但因为大饼不值钱，所以没人计较。

正要吃大饼时，第三个人，丙来了，甲、乙两人热情地招待丙，请他一起吃大饼。

还是那句老话，因为大饼不值钱嘛，所以没人计较。

吃完大饼，三人正要分道扬镳时，丙突然从口袋里掏出六枚金币。

丙说："谢谢你们请我吃大饼，为了报答你们，我要送你们六枚金币，至于怎么分配，就由你们自己决定了！"

说完之后，丙就走了。

这下子，麻烦来了，大饼不值钱，没什么好计较的，但金币不一样，差一枚就差很多。

甲兴奋地说："太好了，既然丙给了我们六枚金币，那我们一人三枚分了它吧！"

乙摇摇头，不以为然："等等，不对，我贡献了两块饼，而你才拿出一块饼，按照比例分配，2∶1＝4∶2，我应该得到四枚金币才对，你只能得两枚金币。”

甲认为自己应该得到三枚金币，但乙却认为甲只能得到两枚，就这样，两个人吵了起来。

吵着吵着，甚至还打了起来。

这时，有个路人经过，知道事情的原委之后，告诉甲、乙两人，前面村子里有个智慧老人，该怎么分配，你们去问那个老人，一定可以得到一个满意的答案。

这时，甲自告奋勇，主动跳出来，他愿意到前面村子去找智慧老人。

非常巧，甲刚到村子口，就巧遇智慧老人。

智慧老人说：“其实我不是什么智慧老人，我只是学过几年数学，勉强算得上是个数学家。”

甲说：“不管你是智慧老人，还是数学家，都请帮我算一下，我应该得几枚金币？”

智慧老人说：“这个问题很简单，十秒钟就可以算出来，答案对你很不利。”

甲说："不利？你的意思是我只能获得两枚金币？"

智慧老人摇摇头："不是两枚，而是……一枚都没有。"

甲惊呼："什么意思？你再说清楚一点。"

智慧老人说："从数学家的角度来看，乙应得六枚金币，而你一枚都没有。"

甲惊呼："我不相信，你乱说。"

智慧老人进一步解释："三个人吃三块大饼，这代表你们三个人，一人吃了一块大饼。从这个角度来看，你吃了自己的大饼，至于丙吃的，是乙的饼。所以乙应得六枚金币，而你一枚都没有。"

听了智慧老人的说法之后，甲沮丧极了，因为智慧老人的话，确实有那么一点道理。

"原来我连一枚金币都不应该拿。"当甲垂头丧气，转身准备回去时，智慧老人叫住他："刚才是数学家的算法，现在我要告诉你智慧老人的算法。"

"什么？居然有两种算法？"

"没错，有两种算法。"智慧老人说，以前他还是个数学家的时候，他认真算出来的答案，总是让人不开心，于是他转换了另一种算法，从此人们皆大欢喜。后来，人们渐渐不叫他数学家，而是改叫他“智慧老人”。

“什么算法，这么神奇？快告诉我。”

智慧老人说：“你回去之后，告诉乙，你没有见到智慧老人，你走到一半就发现自己错了……”

就这样，甲照着智慧老人的话去做。

甲回去之后，乙急忙问：“太好了，你见到智慧老人了吧！他怎么说？”

甲说：“嗯，我并没有见到智慧老人，我走到一半就发现自己错了……”

“错了？哪里错了？”乙问。

甲说：“走在半路上，我越想越觉得你说的是对的，我太贪心了，你出了两块饼，我才出了一块，而我居然想跟你平分金币，是我不好，就照你说的，你四枚金币，我两枚金币。”

乙听完甲的话，表情瞬间变得温和了起来。

当甲、乙两人分完金币，甲二枚，乙四枚，

正要分道扬镳时，乙突然叫住甲。

甲："怎么了？"

乙伸出握拳的手："这个给你。"

张开手掌，乙的手心里是一枚金币。

乙说："我很少看到像你这么老实的人，事实上，你说的也有道理，我们本来就说好要一起吃饼，所以理应一起分享金币才对。"

甲听了，一脸惊讶。

惊讶的原因不是乙多给了他一枚金币，而是乙的反应，完全被智慧老人料中了。

智慧老人告诉甲，你回去之后假装没见到我，然后退让一步，说自己太贪心了，你愿意照乙的分法来分配金币。这时的你立刻从零枚金币，变成至少拥有两枚金币。此外，因为你承认了自己贪心，所以也会引发乙觉得自己也很贪心的连锁反应。所以你很有机会，变成"坐二望三"。

从非理性的争执开始，到数学家的理性计算，最后再到看穿人情世故的智慧，一层一层地往上叠，这就是史上第二厉害的故事类型。

笛卡儿的第十三封情书

上文提到“赛局理论”，故事里的数学家是虚构的，现在我们说一个真有其人的数学家的故事。

它出自“笛卡儿的第十三封情书”。

故事是这样的……十七世纪，法国黑死病大流行，许多人从法国逃了出来，包括笛卡儿。

笛卡儿是谁？他就是那个说出“我思故我在”的哲学家。

笛卡儿不只是哲学家，他同时也是个数学家，他在数学上最有名的成就是建立了直角坐标系统。什么是直角坐标系统？就是一横一竖，X 轴 Y 轴，十字交叉，四个象限的直角坐标。

从法国逃出来的笛卡儿，流落到了瑞典街头。

这一天，笛卡儿窝在街角，在地上出神地“作画”。这时一群少女经过，她们嫌恶地叫了一声“乞丐”就走了。

但其中有个少女留了下来，她蹲下来认真看着笛卡儿，因为他笔下的画……一点也不像画，更像是神秘的咒语。

笛卡儿画得出神，女孩也看得出神。

许久之后，女孩问："你在做什么？"

"创造宇宙。"

"宇宙？我宁愿相信它是数学。"

少女跟其他女孩不一样，她热爱数学，远胜于故事，或八卦。

"数学，你看得出来这是数学？"

"被我猜中了吧！"

"你只猜中了一半，我正在用数学创造宇宙，无边无际的宇宙。"

女孩问："怎么可能，这几行数字装得下无边无际的宇宙？"

笛卡儿抬起头看着女孩，反问："你的眼睛这么小，为什么装得下我？"

当两人的眼睛对上时，笛卡儿的眼睛有了女孩，女孩的眼睛有了笛卡儿。

那一瞬间，两个人居然同时无端地害羞了起来。

那一年，笛卡儿已经五十二岁了，而女孩才

十八岁。

隔天，神奇的事发生了，笛卡儿被请进皇宫，原来昨天的少女居然是瑞典的公主克莉丝汀，她请求父王让笛卡儿教她数学，她想认识笛卡儿口中那个无边无际的宇宙。

然而，比宇宙更神秘难解的是爱，因为数学，因为宇宙，五十二岁的笛卡儿，和十八岁的公主克莉丝汀，恋爱了。

师生不伦恋传出来之后，国王大怒，扬言要杀了笛卡儿。

公主克莉丝汀反过来威胁国王，你可以杀了笛卡儿，但那一点意义都没有，因为紧接着你会得到你女儿的尸体。

公主以死为要挟，国王这才软化，但死罪可免，活罪难逃，笛卡儿被赶回法国，那个黑死病横行的国度。

至于公主则被国王软禁了起来。

从此，笛卡儿只能写情书，用纸跟笔把最深、最重的爱，从法国带到瑞典，但全被国王拦截走了。

比情书被劫走更不幸的是，笛卡儿染上了黑死病，生命来到终点了。

笛卡儿没有时间了，他只剩下最后一封情书的机会，他必须要突破国王这道关卡。

幸好国王不够聪明。

笛卡儿寄出第十三封信，同时也是他生命中最后一封情书。

信依旧被国王截下了，只是这次不太一样，因为信上面只有一组奇怪的密码：$r=a(1-\sin\theta)$。

国王找来科学家，想了解这是什么意思。

但科学家的最终结论是笛卡儿疯了，因为疯狂的爱，因为黑死病，因为快死了，所以脑袋不清楚了。

国王心想，让女儿知道笛卡儿疯了，是个划得来的决定，于是他把信给了女儿。

公主看了信，什么都没说，就立刻关起门来，开始用数学，在信纸上作画。一如当初她在街角看到笛卡儿埋头作画一样，她一点一滴破解只有她和笛卡儿知道的密码。

公主一边破解密码，一边回想起第一次看到笛卡儿的情景。

笛卡儿说："我正在用数学创造宇宙，无边无际的宇宙。"

女孩问："怎么可能，这几行数字装得下无边无际的宇宙？"

最后，公主破解出来了，那是一幅画，爱的心脏线（如图）。

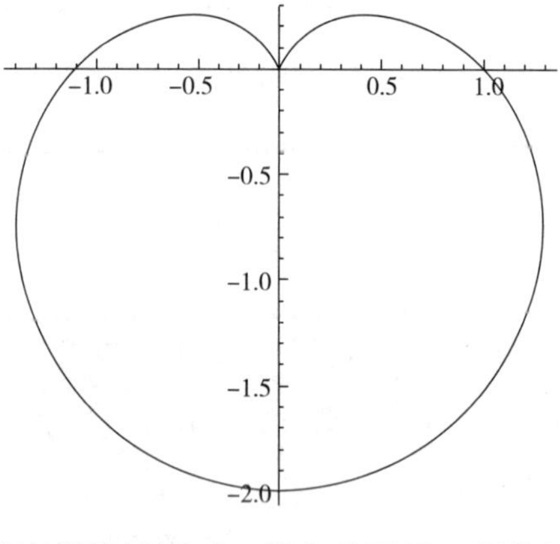

谜底揭晓的同时，笛卡儿死了，但他证明了爱可以装进无边无际的宇宙，像第十三封情书

“爱的心脏线”，那里面装进了全部的笛卡儿。

从理性的数学，到感性的爱情，最后利用数学画出爱情的曲线，只有相爱的两个人才能看穿的智慧，一层一层地往上叠，这也是史上第二厉害的故事类型。

曾经有个汽车品牌，在某杂志上，刊登了一页广告，上面写着：“这是世界上第二棒的车子，至于世界上最棒的车子，在下一页。”

好奇的读者翻到下一页，下一页是……跨页的空白。

也就是不存在“世界上最棒的车子”。

读者刚才看到的“世界上第二棒的车子”，其实就是世界上最棒的车子。

等等，你一定以为我在暗示你……根本不存在“史上最厉害的故事”？

读者你啊，非常聪明，聪明得不得了。

答案是……下一堂课，为你揭晓。

预言
可能成真的故事

10

THE LESSONS OF

STORY

10

“预言可能成真的故事”？看到这个标题时，我想一定有很多人失望透了。

这一堂课不是应该顺着上一堂课“史上第二厉害的故事心法”，进一步来揭晓“史上最厉害的故事心法”是什么吗？怎么会，怎么会，怎么会……变成“预言可能成真的故事”呢？

我知道你此刻的心情，但不用失望，因为“史上最厉害的故事心法”正是“预言可能成真的故事”。

“预言成真”的故事容易理解，就是字面上的意思，但加了“可能”之后，反而变得饶舌，不太容易理解了。

为什么不直接写“预言成真的故事”？非要画蛇添足，多加一个“可能”呢？

答案是……“预言成真的故事”很厉害，但加了“可能”之后，故事会变得更厉害。

正式进入今天的主题之前，我们先来热个身，讲两个故事。

第一个是预言家“预言成真”的故事。

第二个是小说家“幻想成真”的故事。

我们先来讲预言家“预言成真”的故事。

“预言成真”的预言家

史上最有名的预言家，非诺查丹玛斯莫属，他是十六世纪法国的预言家，曾写过一本奇书叫《百诗集》，书里成功预言了许多重要的历史事件，有人帮他做了一个“预言成真”排行榜，一个一个念出来，保准吓死你。

现在我们就来吓死你。

预言成真第十名：法国大革命

预言成真第九名：伦敦大火案

预言成真第八名：戴安娜王妃之死

预言成真第七名：卡特里娜飓风

预言成真第六名：美国总统肯尼迪遇刺事件

预言成真第五名：巴斯德在医学上的伟大成就

预言成真第四名：原子弹大爆炸

预言成真第三名：第二次世界大战 / 希特勒

预言成真第二名："9·11" 恐怖攻击

至于预言成真第一名则……先卖个关子。

"幻想成真"的小说家

说完预言家"预言成真"的故事，现在我们来讲小说家"幻想成真"的故事。

故事的主人公是"科幻小说之父"，法国的儒勒·凡尔纳（1828—1905），他最有名的作品是《八十天环游世界》。

包括爱因斯坦在内，许多科学家和发明家都曾经提及，他们的科学之路深受凡尔纳的小说影响。法国利奥台元帅甚至做了一个夸大的结论：

“现代科学只不过是将儒勒·凡尔纳小说里的预言，付诸实现的过程而已。”

1865 年，凡尔纳在小说《从地球到月球》里，创造了三位探险家，他们利用制作武器的专长，朝月球发射了一枚巨型炮弹。就这样，炮弹变成飞船，载着三位探险家登上月球。这个令人印象深刻的小说画面，在一百多年后成真，1969 年美国宇宙飞船“阿波罗 11 号”载着航天员尼尔·阿姆斯特朗、迈克尔·柯林斯、巴兹·奥尔德林三人，冲出地球，人类第一次登陆月球。

发表于 1869 年的小说《海底两万里》描述道，海底出现了一只疑似“独角鲸”的大海怪，生物学家应邀，参与追捕海怪，最后才发现这只怪物原来是一艘名叫“鹦鹉螺号”的潜水船。几十年后，想象成真，现实世界出现了第一艘核动力潜水艇，它的名字就叫“鹦鹉螺号”。显然就是向小说家儒勒·凡尔纳致敬。

除此之外，飞机、坦克、电视……的发明，都跟儒勒·凡尔纳的想象有关，它们一步一步改变了这个世界。

上面两个故事，哪一个比较厉害？是预言家诺查丹玛斯，还是小说家儒勒·凡尔纳？

嗯，我知道他们不适合放在天平上一起比较，但我就是任性地要他们一较长短。从表面上的战绩，诺查丹玛斯可能略胜一筹。

但他们的故事都还没结束，刚才只是第一回合，还有第二回合。

这次我们反过来，先从小说家儒勒·凡尔纳开始，继续往下讲。

我们回头审视一下刚才提及的，法国利奥台元帅那个“夸大”的结论：“现代科学只不过是将儒勒·凡尔纳小说里的预言，付诸实现的过程而已。”

现在，你有没有觉得，法国利奥台元帅的说法一点都不夸大，相反地，他说得实在太贴切了，精准极了。

正因为如此，小说家儒勒·凡尔纳被后来的

人称为“幻想成真的小说家”。

然而儒勒·凡尔纳的故事还没结束，刚才举的例子都属于“预言成真”型的，它们代表的是“过去式”，但真正惊人的是“未来式”，那种正在一点一滴地接近，未来极有可能会成真的预言。

例如底下这一个，1889 年，儒勒·凡尔纳的小说《地轴大翻转》，提出了一个疯狂的点子：地球的主要热源来自太阳的照射，但由于地球自转轴倾斜了 23.5 度，因此造成了太阳的直射和斜射，进而形成了地球各地气温的高低不同。例如太阳直射赤道，所以气温高，越往南北极走，太阳照射的角度越来越倾斜，因此气温越来越低，甚至终年结冻。

《地轴大翻转》这部小说里的情节是这样的：

全球气候大变迁，地球的温度越来越高，眼看着，世界末日即将降临。为了拯救地球，人们试图从地球发射一个超大的炮弹，利用炮弹发射时产生的后坐力，来强烈地撼动地球，进而改变地球自转轴的倾斜角度。例如从倾斜 23.5 度，变成倾斜 24.5 度，仅仅 1 度的差别，就足以改变地球的气候。

哇，这也太疯狂了吧，以前的人们觉得这实在是太扯了，完全不可能，但如今，它似乎正朝着我们逼近，因为以前我们总认为世界末日应该是行星撞地球，或者第三次世界大战，又或者是一个无法控制的外星病毒，但我们现在越来越相信，一直朝我们逼近的世界末日，就是《地轴大翻转》这部小说里提及的……“全球气候变迁”。

以前那个完全不可能的小说情节，正一点一点地朝我们逼近，更可怕的是儒勒・凡尔纳那些“过去式”预言成真的小说，提供了一个巨大无比的想象，如果是别人写的，那就是科学幻想，但是儒勒・凡尔纳写的小说，这个被称为“幻想成真的小说家”写的小说，就让我们一连倒抽了好几口冷气。

它会继续成真下去。

在这个全球气候越来越异常的年代，在这个

世界末日感不断逼近的年代，儒勒·凡尔纳的小说幻想，给科学家提供了一个思索的角度：世界末日来临，拯救地球的众多选项里，“改变地球自转轴的倾斜角度”，或许会从完全不可能的选项，慢慢变成……唯一的选项。

或许会有那么一天，当年法国利奥台元帅所说的话：“现代科学只不过是将凡尔纳的预言付诸实现的过程而已”，会一而再，再而三地被人们反复诉说。

就像我现在已经讲了三遍了。

哗，幻想成真的小说家，好厉害啊！

是很厉害，没错，但有没有察觉到加上“可能”之后，会变得更厉害，因为它让我们有了身临其境的切身感。

至于预言家诺查丹玛斯，他同样有后续的故事。

在揭晓第一名的预言之前，我们先来检验一下，前面几名的预言，真的有成真吗？例如“预言成真第四名”。

诺查丹玛斯《百诗集》里，关于预言成真第四名“原子弹大爆炸”是这样描述的：

门前，在两座城市间

这会有前所未有的苦难降临

饥荒伴随着瘟疫，人们用钢铁灭火

向伟大的上帝哭诉，期望得到救济

呃，有人相信，有人不相信，不过这其实不是最重要的。重要的是，它提供给想说话的人们，一个对号入座的机会。

至于《百诗集》里预言的第一名，是“世界末日”，它跟前面九个在本质上，完全不一样，它属于还没成真的那一种。

预言第一名“世界末日”，在诺查丹玛斯《百诗集》里，是这样描述的：

1999 年 7 月

为使安哥鲁莫亚王复活

恐怖大王将从天而落
届时前后玛尔斯将统治天下
说是为了让人们获得幸福生活

预言家诺查丹玛斯不小心犯了一个错，他写出了 1999 年 7 月这么明确的数字，使得它必须严格面对“成真”或“不成真”的检验。

结果呢？我们还能在这里讨论这个问题，代表“世界末日”的预言没有成真。

一旦预言没有成真，预言家的价值，就瞬间暴跌，连带前面提到的第十到第二名“预言成真”，都会遭受巨大的质疑。

前九名的成真预言，被世界末日这一笔的失败，完全抵消了。

预言 > 智慧 > 数学

综合上面两个故事。我想你已经有一点点被说服了，“史上最厉害的故事心法”正是“预言可能成真的故事”。

只是上面的例子，还不足以让你跪下来膜拜，所以我们得更进一步，举个更有说服力的例子。

这次，我们举的例子，将直接踩在“史上第二厉害的故事心法”上面，也就是说，如果你承认上次我们提到的故事心法是“史上第二厉害”，那么底下这个踩在“史上第二厉害”上头的故事，无疑地，将是“史上最厉害”。

首先，让我们来回忆一下，上一堂课，提到的故事“赛局理论”。

甲、乙、丙三人合吃三块饼。其中，甲出了一块，乙出了两块，为了感谢甲、乙两人，丙给了他们六枚金币。这时问题来了，甲、乙该怎么分配这六枚金币呢?

最后，甲找上村子里的智慧老人，结果智慧老人说，纯粹从数学家的观点看，甲没有资格拿任何金币，但从世故的老人观点看，甲可以坐二望三。

然而故事还没结束，因为甲临走前，智慧老

人补了这么一段话："年轻时，我是个数学家，那时的我认为你只能得零枚金币，随着年纪越来越大，我转型成了智慧老人，现在的我认为你可以获得'坐二望三'枚金币。但现在我又要转型了，这次我将转型，成为'预言家'，未来的你可以获得的金币数量是……难以估算。"

"预言家？难以估算？意思是……我会得到更多金币吗？"

"可能会，也可能不会。"

"等等，我听不太懂。"

"你不需要听懂，你只需要等待。等待'时间'带来的礼物。"

甲完全听不懂智慧老人的话，但他最后确实拿到三枚金币，这已经让他十分满足了。

带着金币，甲回家了。

时间悠悠流动，一年、两年、三年、十年过去了，什么事也没发生。

十二、十五、二十年也过去了，还是什么事都没发生。

这一天，甲在田地里工作，甲的太太急忙忙跑来找他，因为有个陌生女人来找甲。

陌生女人问甲：“你还记得二十几年前，曾和一个叫‘乙’的人一起吃饼的事吗？我就是乙的太太，前几年，乙死了，但他请我一定要找到你，原因是这样的……”

随后，陌生女人说了一个不可思议的故事。

乙原本是个盗贼，二十几年前的某一天，他刚抢了两块饼，随后就遇见你，你们一起分饼吃，后来丙送了你们六枚金币，最后因为你的退让，而有了一个美好的结局。

我的丈夫被你的诚实善良感动，他原以为人天生都是自私的，没想到居然有你这样的人，于是当下决定拿三枚金币去做生意，改邪归正，不再当盗贼。后来，我先生成了大富翁。

这些年来，我先生一直在找你，他想报答你，但直到他死的那一刻，都没找到你。

最后，他留下遗嘱，把一半的财产给我，另一半则是要给你。不过有个但书，他说我必须找到你，否则我就拿不到那一半的财产。

乙的太太哭着说，现在我终于找到你了……

乙的太太这一番话，让甲想起了多年前智慧老人说过的那一番奇怪的话，他说："年轻时，我是个数学家，那时的我认为你只能得零枚金币，随着年纪越来越大，我转型成了智慧老人，现在的我认为你可以获得'坐二望三'枚金币。但现在我又要转型了，这次我将转型，成为'预言家'，未来的你可以获得的金币数量是……难以估算。"

真的是……难以估算。

难以估算的，还包括一个人的身份，他可以

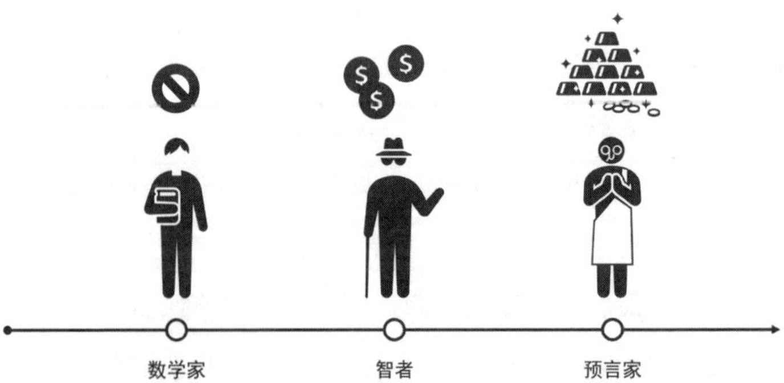

是数学家，也可以是智慧老人，最后居然还可以变成预言家。

以上就是史上最厉害的故事，“可能会发生，也可能不会发生”，预言家式的故事。

简称“预言可能成真的故事”。

恐怖的制约

为什么“预言可能成真的故事”会让人心心念念，时不时就想起来，挥之不去，永远逃不掉？我们举个著名的行为实验“斯金纳箱”（Skinner box），你就明白了。

实验是这样的……

两个鸟笼，姑且称为 1 号鸟笼和 2 号鸟笼，现在各关进一只鸽子。

两只鸽子在鸟笼里走动时，都发现笼子里有一个意义不明的按键，可能是出于好奇，也可能是一不小心，它们都发现只要啄一下按键，就会掉下一颗饲料。

再啄，再掉下一颗，吃完之后，再啄，再掉下一颗……这样反复十次之后，两只鸽子都被制约了。

第一次“制约”完成之后，要来更改按键的功能了。

1 号鸟笼，停止按键的功能，也就是再怎么啄，都不会掉下饲料了。

2 号鸟笼，修改按键的功能，改成随机掉饲料，有时啄两下就掉下一颗，有时要啄七下，甚至啄十三、十九、二十八下，才会掉下一颗饲料。

现在，第二次“制约”完成。

1 号鸟笼里的鸽子，反复啄了几次按键，通通失败之后，就会发现啄按键已经没用了，所以它很快就会放弃。

至于 2 号鸟笼里的鸽子，因为被制约成随机掉饲料，所以它不知道按键的功能已经消失了，所以会不死心地一直啄、一直啄、一直啄，啄到满嘴鲜血，啄到嘴巴都掉了下来，啄到筋疲力尽而死。

要说出一个预言成真的故事，实在太难了。

但你可以学一学 2 号鸟笼，试着说出一个让人充满期待，永远有无限“可能性”，永远在路上的故事。

三分钟说
十八万个故事

11

THE LESSONS OF
STORY

11

36 种剧情模式

今天，我们的“故事课”已经来到倒数第二课了，如果从故事的观点，它应该要来到揭开伏笔的阶段了。

问题是……有伏笔吗?

当然有!

现在，让我们来回忆一下，第一课讲到的“靶心人公式”，它教大家用七个步骤，“三分钟说一个完整的故事”。

1. 目标→2. 阻碍→3. 努力→4. 结果→5. 意外→6. 转弯→7. 结局

第六课“三分钟说 5040 个故事”，教大家利用“排列组合”的方法，将“靶心人”七个步骤任意排列，一共可以得出 7 × 6 × 5 × 4 × 3 × 2 × 1 = 5040 种说故事的公式。

敏锐的同学可能早就察觉了，所谓的“三分钟说 5040 个故事”里，5040 这个数字其实有些虚，因为重新排列组合，并不会改变故事的本质，基本上它还是同一个故事。

但今天不一样，我们要来讲实实在在的东西，它叫“36 种剧情模式”。

什么叫“36 种剧情模式”？

十八世纪有个意大利剧作家叫柯齐，他首先提出世界上的剧情共 36 种，但却没有提出任何证明，直到二十世纪法国戏剧学者普罗第，他找来一千多部剧本、短篇小说、史诗，一一核对，最后得到一个惊人的答案。世界上所有的剧情，真的只有 36 种。

今天，这一堂课叫“三分钟说十八万个故事”。

其中，“十八万”这个惊人的数字是怎么算出来的？

是这样的，“三分钟说 5040 个故事” × “36 种剧情模式”，也就是 5040 × 36 = 181440。

一共超过十八万种！

这堂课要教大家的是利用“36 种剧情模式”，彻底改变原来的故事，而不只是重新排列组合而已。

世界上的剧情共 36 种，底下我把它们一一列出来：

1. 哀求请托

2. 援救

3. 复仇

4. 亲族间的报复

5. 逃亡者的追捕

6. 灾祸

7. 不幸的遭遇

8. 反抗

9. 壮举

10. 拐劫

11. 谜的解释
12. 获取
13. 骨肉仇恨
14. 骨肉竞争
15. 奸情杀害
16. 疯狂
17. 因轻忽而招致损害
18. 不知而犯的恋爱罪恶
19. 无意中伤害自己所爱
20. 为了主义而牺牲自己
21. 为了所爱而牺牲自己
22. 为爱情牺牲一切
23. 有原因地牺牲所爱之人
24. 两种不均等的势力斗争
25. 通奸
26. 恋爱的罪恶
27. 发现所爱之人有不名誉的事
28. 恋爱发生阻碍
29. 爱上自己的仇敌

30. 野心

31. 人与神的斗争

32. 错误的忌妒

33. 错误的判断

34. 悔恨

35. 亲族的重逢

36. 失去所爱之人

剧情模式 22：为爱情牺牲一切

“三分钟说 5040 个故事”那一堂课，我们是以童话之父安徒生的《海的女儿》作为例子。

这一堂，我们依然以《海的女儿》为例。

从“36 种剧情模式”的角度来看，《海的女儿》属于哪一种呢?

答案是第 22 种：“为爱情牺牲一切”。

我们来细部分析一下《海的女儿》这个故事，你就明白了。

在“目标”阶段：美人鱼第一次见到王子时，

她还未成年，而且是第一次见到人类。如果你不清楚这样的感觉，反过来想就行了：还是个中学生的你，某天看到一只人鱼搁浅，偶然路过的你出手救了她，从此就义无反顾疯狂地爱上了人鱼公主。

你觉得这样的爱，可信度多少？

不能说完全没有，但且让我们严苛一点。这样的爱，在其他成年人的眼中，例如人鱼公主的父亲、母亲眼中，爱的可信度几乎为“0”。

紧接着是“努力”阶段：美人鱼去向巫婆请求一双人类的脚，巫婆前前后后一共提出了三个严苛的条件。

首先，巫婆要美人鱼拿她身上最珍贵的东西来换。美人鱼身上最珍贵的是她的嗓子，她的歌声非常优美，最后她用声音换来了一双人类的脚，但也意味着她从此将变成哑巴。

如果是你，你愿意吗？拿你身上最珍贵的东西，来换得人鱼的尾巴，好让你有机会，可以到海里生活，并因此而接近人鱼公主？

注意喔，是接近而已，不是俘获芳心喔。

我个人是不愿意啦。

但美人鱼呢，她答应了巫婆的第一个严苛条件。

嗯，愿意拿最珍贵的东西来换，美人鱼对王子的爱，从完全没有可信度，上升到30%。

其次，是第二个严苛条件。巫婆说，不过这双脚会有一些麻烦，因为它不是你天生的脚，所以走起路来，会痛如刀割，因此你根本不会想走路。

但美人鱼还是点头了，为了爱，她愿意忍受身体一辈子的痛苦。

如果是你，你愿意吗？每摆动一下尾巴，就痛如刀割，为了接近人鱼公主，你必须忍受一辈子身体的病痛折磨。

我个人绝对不愿意。

但美人鱼呢，她答应了巫婆的第二个严苛条件。

嗯，愿意承受一辈子身体的痛苦的美人鱼，她对王子的爱，从30%的可信度，上升到50%。

最后，是第三个严苛条件。巫婆说，事情没这么简单，这个交换魔法会有副作用，万一你最后没能跟王子在一起，那么你会变成泡沫，最后啵的一声，破掉，死掉。你愿意换吗？

如果是我，绝对、绝对、绝对不愿意，因为代价实在太高了。

但美人鱼还是点头了，为了爱，她愿意承担死亡的风险。

嗯，愿意承担死亡风险的美人鱼，她对王子的爱，从 50%的可信度，上升到 70%。

现在《海的女儿》的故事来到“转弯”的地方：眼看王子就要跟别人结婚了，美人鱼即将变成泡沫，啵的一声，破掉，死掉。美人鱼的姐姐去向巫婆求情，并向巫婆求来一把刀子。巫婆说，如果你妹妹想活下来，就必须用这把刀子，刺向王子的心脏。

意思就是……不是你死，就是王子死，这是个超级两难的抉择。

如果童话没有现实感，那我们举个离现实近一点的例子：如果你想活下来，就必须杀了自己最爱的母亲，这怎么可能下得了手？但不杀母亲，你又会死，这个超级两难实在是会把人折磨死。

因此，在一个月黑风高的晚上，美人鱼穿过层层的警卫，来到王子的面前。此时的王子正在熟睡中，美人鱼看着这张她深爱的人的脸，然后把刀子高高举起来，此时她脸上的表情剧烈变化，全身剧烈颤抖，因为这实在太两难了，会把人搞疯的那种两难，最后比美人鱼手上的刀子更早落下来的是……美人鱼的眼泪。

伴随着眼泪掉下来，美人鱼把手上的刀子丢向大海。

这代表了什么？代表美人鱼不忍心杀害王子，她宁愿牺牲自己的生命。

哗，此时就算再严苛的人，对于美人鱼的爱，也绝对不会有一丝一毫的怀疑了。

当美人鱼真的变成泡沫的那一刻，读者深深地相信，她对王子的爱是扎扎实实的100%，所以她宁愿牺牲一切来交换，包括她最宝贵的生命。

安徒生这个编剧出身的童话大王，在情节的安排上，非常有计划地一步一步，建立美人鱼在读者心中，爱的可信度。

然后在爱的可信度达到 100%时，牺牲了自己的生命。

安徒生精准地完成了第 22 个剧情模式：为爱情牺牲一切。

从义无反顾的天真，美人鱼爱的可信度为 0，到失去声音的 30%，再到一辈子痛苦的 50%，一直到死亡威胁的 70%，最后安徒生把情节推到最高潮的牺牲生命的 100%。

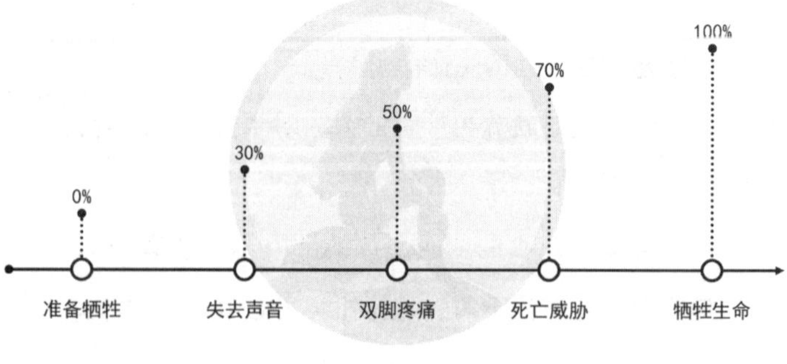

当美人鱼选择了死亡，把她对王子的爱的可信度推高到100%时，这时候“36种剧情模式”的第22个“为爱情牺牲一切”，也就跟着完成了。

剧情模式18：不知而犯的恋爱罪恶

为了方便在课堂上做练习，并且实验它的可能性，我把一年分成十二个月，每个月又分成上、中、下三旬，所以一年可以分成36个时段。

36个时段对应36种戏剧模式。

也就是，1月上旬出生的人，练习用剧情模式1说故事；1月中旬出生的人，练习剧情模式2；1月下旬出生的人，用剧情模式3……依次类推，12月上旬出生的人，剧情模式34；12月中旬出生的人，剧情模式35；12月下旬出生的人，剧情模式36。

随便举个例子，如果你是夏至（6月21日前后）这一天诞生的，那么你的剧情模式就是18：不知而犯的恋爱罪恶。

现在我们就用这个“不知而犯的恋爱罪恶”来说故事。

什么是“不知而犯的恋爱罪恶”？金庸的《天龙八部》里，有个非常经典的桥段，是关于主人公段誉的身世之谜：

男主角段誉是个帅哥，他的爸爸段正淳也是个帅哥，这好像是一句废话，遗传嘛。

至于个性部分，段誉是个深情的男孩，而他的爸爸段正淳是个花心大萝卜，这也还好吧，段誉遗传自母亲难道不行吗？当然可以。

还有，段誉出场时，身边时不时就出现美丽的女孩。这也不稀奇，蝴蝶绕着花儿转，这也是天经地义的啊。

然而正是以上三件，读者觉得再正常不过的事，埋下了后面的伏笔，让故事有了戏剧性的发展。

随着故事慢慢展开，读者慢慢发现所有跟段誉有关系的漂亮女孩，全部都是……他的妹妹。

从率性霸气的木婉清，到乔峰的红粉知己阿朱和阿紫，再到天真烂漫的钟灵，以及段誉深深痴恋的神仙姐姐王语嫣，她们全都是段誉的亲妹妹。然而以上只是段誉碰巧遇到的漂亮女孩，一辈子没遇到的妹妹们，至少是这个人数的一百倍、一千倍。

人数多到后来段誉每看到漂亮女孩，就会怀疑：那该不会也是我的姐姐妹妹吧？

既然不能在一起，那就别在一起啊！

事情没这么简单，段誉最最最爱的女孩叫王语嫣，她可是段誉用尽心力追来的，原本王语嫣对段誉完全没感觉，她一心一意只爱坏坯子表哥慕容复。段誉可是历尽了千波万折，王语嫣这才终于把视线转向段誉，眼看有情人就要终成眷属了，但这时突然杀出“程咬金”。

段誉最心爱的女孩居然是自己的亲妹妹。

故事还没结束，段誉与王语嫣的兄妹血缘关系让人大感“意外”，读者们为此感到心痛万分，因为段誉求爱的过程中，读者全看在眼里，当读者被两人的感情说服，并且开始掏心掏肺地祝福他们时，居然发生了这样的意外。

“意外”之后，就是“转弯”了。

转弯处是什么？王语嫣居然……既是段誉的亲妹妹，但也不是。

什么意思？

原来当年，段誉的母亲刀白凤为了报复花心大萝卜丈夫段正淳，于是故意作践自己，随便跟路边一个肮脏乞丐发生关系，因此怀上了段誉。

好惨啊！

所以，段誉并不是段正淳的儿子！！！

意思就是……段誉跟神仙姐姐王语嫣还是可以在一起的。

如果你现在还搞不清楚什么叫“不知而犯的恋爱罪恶”，我们可以再举个在互联网流传的小故事，它其实就是金庸《天龙八部》的简化版。

有个小男孩爱上了隔壁邻居的大姐姐，爸爸知道后，气得朝他的头用力敲下去，然后说：“不可以爱那个大姐姐，因为她是……你的亲姐姐。”

过了好一阵子，情伤复原之后，小男孩转而

爱上了隔壁邻居的小妹妹，爸爸知道后，又气得朝他的头用力敲下去，然后说："不可以爱那个小妹妹，因为她是你的……亲妹妹。"

这也不能爱，那也不能爱，小男孩难过地哭了起来。

妈妈听到小男孩的哭声，赶来问明了原因之后，温柔地摸摸小男孩的头说："勇敢去追那个大姐姐，勇敢去爱那位小妹妹。"

小男孩惊讶地看着妈妈："可是……爸爸说她们是我的亲姐姐、亲妹妹。"

妈妈说："不用担心，因为你不是你爸亲生的。"

《海的女儿》×《天龙八部》

现在我们就以剧情模式 18"不知而犯的恋爱罪恶"，来改写《海的女儿》，并且以《天龙八部》里段誉和王语嫣，作为参考坐标。

故事就从美人鱼的"靶心人公式"，第 5 个步骤“意外”来改写。

5. 意外：

当美人鱼和王子情投意合，准备结婚时，她发现王子的背上有一个退化不完全的鱼鳍。

这让美人鱼有不好的预感，因为她曾有个弟弟，但从小就失踪了。当美人鱼向巫婆求证时，巫婆承认王子确实是美人鱼的弟弟，这一切都是她布的局。当年美人鱼的父亲始乱终弃，害她变成如今这副人人害怕的巫婆模样，因此她告诉自己，她的后半辈子就是为了复仇而活。

巫婆说，她的第一次复仇，是把美人鱼父亲的独生子带到岸上去，让他们父子俩永远见不到面。但你的出现却是偶然的，老天爷给了我第二次复仇的好机会，于是我顺势给了你一双脚，让你上岸，帮助你“乱伦”。

让你们姐弟乱伦，是我连想都想不出来的超完美复仇剧目。

6. 转弯：

现在美人鱼有两个选择：

一、不结婚，因为王子是自己的亲弟弟，但如此一来，美人鱼就会变成泡沫而死。

二、结婚，美人鱼就会因为乱伦，让所有人蒙羞，并害她自己众叛亲离。

最后，极度痛苦的状态下，美人鱼选择了“不结婚”，变成泡沫而死。

7. 结局：

当美人鱼即将变成泡沫时，美人鱼的父亲出现了，他痛苦万分地告诉巫婆，美人鱼是巫婆的亲生女儿。当年，巫婆大着肚子，准备轻生时，是他及时把她肚子里的婴儿救了回来。

而如今巫婆居然转了个大弯，阴错阳差害死了自己的女儿。

此时，巫婆再多的眼泪和忏悔，都救不了自己的女儿。

现在的你，会使用“36 种剧情模式”了吗？

当然还不会，因为你现在只理解了“为爱情牺牲一切”，以及“不知而犯的恋爱罪恶”这两种剧情。

下一堂课，我们将为你一一举例说明，让你彻彻底底明白“36 种剧情模式”，扎扎实实地学会“三分钟说十八万个故事”。

情节数据库：36 种剧情模式

12

THE LESSONS OF STORY

12

世界上所有的剧情一共36种，底下我把它们一一列出来，并举一个精彩的故事作为范例。当你拥有36种剧情的数据库之后，那么“故事之王”就是你！

1. 哀求请托

以电影《我不是潘金莲》为例：

农妇李雪莲和丈夫为了多分一份房产，搞了个假离婚，没想到最后弄假成真。假离婚期间，丈夫跟另一个女人结婚，为了讨回公道，李雪莲反遭丈夫讽刺她是荡妇潘金莲。为此，农妇李雪莲展开了长达十几年的上访，从地方告到中央，一层一层往上提告，也就是古代的拦轿喊冤，告御状。难道真的只因前夫骂她潘金莲，就气得一连告了十几年吗？当然不是，如果纯粹只是这样，那就太傻了。事实上，李雪莲的内心还有一个更深的伤害，这里我们就不说了，你去看电影就知道。

2. 援救

以电影《拯救大兵瑞恩》为例：

第二次世界大战期间，瑞恩家一共四兄弟，其中三个死于世界各地战场，他们的母亲将在同一天收到三个儿子的死讯。出于人道考量，马歇尔将军下令派出一支八人小队，冒着生命的危险，深入德国重军区，抢救这位母亲的最后一个希望，生死未卜的小儿子——大兵瑞恩。

3. 复仇

以电影《慕尼黑》为例，它是一部改编自真实故事的传记电影。

1972 年，德国慕尼黑奥运会，十一位以色列奥运选手惨遭巴勒斯坦恐怖分子杀害。随后，以色列情报局找上一名年轻爱国的情报局干员艾夫纳，由他带领四位成员，抛家弃子，放弃身份，进行一项名为“上帝之怒”的秘密行动：目标是猎杀十一名慕尼黑屠杀事件的幕后主谋。

4. 亲族间的报复

以电影《投名状》为例：

先解释一下，何谓“投名状”。“投名状”本是“头名状”，“人头”的“头”。典故出自《水浒传》，八十万禁军教头林冲被逼得走投无路，转而投靠梁山盗贼时，被要求杀一个外人，砍下他的人头，立下契约，保证日后彼此忠诚，互不背叛。简单来讲，就是进黑道的申请书。

电影《投名状》的故事发生在十九世纪六十年代，当时太平天国兴起，天下大乱。乱世之中，老大庞青云、老二赵二虎、老三姜午阳，为表忠诚，互不背叛，于是各杀了一名路人，立“投名状”，结为异姓兄弟。随后三人加入清军，立下战功，老大庞青云获慈禧太后赏赐，官至两江总督。

然而，一纸“投名状”抵不过爱情与权力的双重纠葛，最后三兄弟反目成仇。先是老大为了政治利益，暗杀老二。随后老三替老二报仇，暗杀老大。暗杀成功之后，老三被捕，遭凌迟处死。

5. 逃亡者的追捕

以电影《七宗罪》为例：

老少警探摩根 · 弗里曼和布拉德 · 皮特联手缉凶，凶手是一名神秘的歹徒，他以“七宗罪”为名，犯下了连续杀人案。所谓“七宗罪”出自《圣经》，指的是人有七种原罪，分别是：骄傲、愤怒、忌妒、不贞、贪食、懒惰、贪婪。老少警探必须赶在凶手犯案前，提前阻止他，然而令人意想不到的是，最后一桩杀人案的死者是……歹徒，而凶手居然是警探。原来，凶手利用年轻警探的“愤怒”，帮他完成这最后的“七宗罪”。

6. 灾祸

以电影《后天》为例：

这是一部科幻灾难片，内容描述全球气候变迁。异常的气候，引发了全球性的灾难，暴风雨、海啸、冰风暴，一连串的灾难接连发生。全球气温急速下降，到处冰天雪地，地球正式进入将造成人类大灭绝的“冰河时期”。

7. 不幸的遭遇

以电影《泰坦尼克号》为例：

故事改编自真实的船难事件，1912 年，号称“永远不沉”的超级邮轮泰坦尼克号，第一次出航，就因为撞到冰山而沉没，超过一千五百人葬身大海，它是二十世纪死伤最惨重的船难事件。真实的灾难事件，交织进虚构的恋爱故事，自由的穷小子杰克与被礼教约束的富家女露丝，两人携手冲破阶级的限制，展开了自由的恋爱。故事最后，泰坦尼克号沉没，杰克为了救露丝而死。重生后的露丝从此打开了心房，不再受礼教约束，开启了日后为自己而活的生命旅程。

8. 反抗（革命）

以电影《末路狂花》为例：

赛尔玛和露易丝，两个百无聊赖的中年妇女，为了逃脱无聊的生活日常，于是相约来个周末小旅行。

然而，看起来再平凡不过的赛尔玛和露易丝，其实各有一段不愉快的经历。赛尔玛有个大男人主义的老公，什么都不许她做；至于露易丝则曾遭到男人的强暴，而无处申冤。两个活在男人阴影里的女人，原本只是相约来一趟公路之旅，然而却发生了意外，赛尔玛差点被酒吧认识的男人强暴，制止不成反遭羞辱的露易丝，被勾起痛苦的回忆，一怒之下，开枪杀了强暴犯，随后两人展开了一场惊心动魄的公路逃亡之旅……

两人漫长的逃亡旅程都环扣着同一个主题：对抗各种父权的宰制。

9. 壮举（征服）

以小说《八十天环游世界》为例：

主人公霍格跟朋友打赌，他要在八十天之内环游世界一周，双方还以全部财产作为赌注。霍格用尽各种方法追赶时间，例如冒着生命危险，乘坐大象抄捷径走进死亡丛林，乘坐火车强行飞越底下是滚滚江河的断桥……好几次都差点丧了命。结果环游世界一周，回到英国伦敦，一共花了八十天又五分钟，输掉了比赛。然而令人意想不到的是……根据出发地英国伦敦的日期显示：霍格只花了七十九天又五分钟。结局之所以大逆转，是因为地球“自转”，造成了各地时间不一，形成了所谓的“时差”。所以当霍格往东走，绕地球一圈，所花费的天数就会减少一天。最后，霍格不只赢得比赛，还因为好心肠，而抱得美人归。

10. 拐劫

以电影《赎金》为例：

主人公汤姆·慕兰是个事业成功、家庭美满的亿万富翁。然而事业的成功，却为他带来了不幸：他的独生子遭歹徒绑架，歹徒要求两百万美元的赎金。

虽然背后有联邦调查局（FBI）操刀营救，但抢救计划一个接着一个失败，因为绑票案的首脑正是 FBI 的探员之一。随着时间一点一滴流逝，个性永不放弃的汤姆最后决定自己跳进来，跟歹徒正面对决。他甚至上电视，把原本要付给歹徒的两百万美元赎金，拿来当作悬赏歹徒人头的奖金。大胆地正面迎战，激怒了歹徒，让汤姆陷入更艰难的处境：他的儿子更危险、他的妻子更受折磨……但戏剧也因此更好看。

11. 谜的解释

以电影《贫民窟的百万富翁》为例：

贾马尔，一个来自贫民窟，没受过什么教育，工作是倒水的“电话服务员的助手”的大男孩，参加益智问答节目《百万富翁》。看起来一点胜算都没有的他，却出乎意料，一连答对十二题，夺走巨额奖金。故事就在不断追问贾马尔究竟是怎么办到的过程中展开。

原来贾马尔想借由参加这个火红得不得了，全印度都在收看的电视节目，找到他的初恋情人。

12. 获取

以电影《国家宝藏》为例：

三千多年前，一笔古埃及时代留下来的巨额宝藏，意外成了美国独立的“国安基金”，然而两百多年过去了，如今这笔“国家宝藏”下落不明。

主人公班杰明是个热爱考古的冒险家，他从爷爷口中得知“国家宝藏”确实存在，而且他的家族曾被授予保护“国家宝藏”的任务。

在班杰明的追查下，赫然发现“国家宝藏”就藏在美国《独立宣言》里。唯有拿到这份记载着美国建国精神的《独立宣言》，才能破解密码，找到“国家宝藏”。

为了阻止歹徒偷走《独立宣言》，班杰明通知联邦调查局，但却没受到任何重视。百般无奈之下，班杰明只好反过头来，自己出马，比歹徒早一步，偷走《独立宣言》，这才能保护“国家宝藏”不落入歹徒之手。

13. 骨肉仇恨

以电影《菊豆》为例：

故事发生在染坊里，悲剧则发生在染池里。

染坊的主人叫杨金山，是个患了不育症的性变态，为了延续香火，他接连买了两个姑娘，但都被他折磨至死。直到买了第三个姑娘菊豆，才为他生下一个男孩叫天白。

然而前面说过了，杨金山患了不育症，所以天白并不是他的儿子，而是染坊里的长工，杨金山的侄子杨天青与菊豆私通生下的孩子。

当杨金山知道天白不是他的儿子时，虽然起了把他推下染池溺死的念头，但最终还是不忍心杀害这个一开口就叫他爹的孩子。然而讽刺的是，半身不遂的杨金山，在与天白玩耍的过程中，反而意外跌进染池，溺死了。

随后，天白就在外人的闲言碎语里长大了，

大家都说他爸爸不是杨金山，而是杨天青，虽然这是事实，但听在耳里，却非常难堪。所以即使后来天白知道家里的长工才是他真正的父亲，但出于仇恨，他先是把亲生父亲赶出染坊，最后甚至把他推下染池，害他溺水而死。

14. 骨肉竞争

以唐代历史“玄武门之变”为例：

唐太宗李世民是中国历史上有名的明君，在位二十三年，年号贞观，在他的治理下，国家变得空前繁荣，他开创了后世著名的“贞观之治”。

但光明的“贞观之治”背后，却有一个黑暗的“玄武门之变”。

唐朝的开国皇帝叫李渊，他是李世民的爸爸。当初李渊是在次子李世民的谋略与支持下，在太原起兵反隋，进而平定天下，建立唐朝的。他曾答应李世民，事成之后，将立他为太子，但最后却反悔了，改立长子李建成为太子。

李渊给了二儿子皇帝梦，却给了大儿子太子

位，这种下了可怕的祸端。为了巩固太子地位，长子李建成联合四弟李元吉，与次子李世民展开对抗，彼此之间的猜忌越来越深。

最后，我们看到的是：秦王李世民在长安玄武门附近射杀皇太子李建成、四弟齐王李元吉，史称“玄武门之变”。但这究竟是为了自保而先发制人，还是觊觎皇位而骨肉相残？谁是谁非，众说纷纭，至今仍是个解不开的谜。

15. 奸情杀害

以电影《罗生门》为例：

竹林中发生了一起凶杀案，死者是一名武士。检查官找来七名关系人问案，从众人的供词，可以拼凑出如下的面貌：武士夫妻路过山林，盗贼见色起意，于是编了一个理由（山里藏着宝藏）把武士骗到竹林中，然后将其制服，绑在树下，随后在武士面前玷污了他的老婆……

到这个地方为止，大抵没什么问题，然而后半部的供词却是疑点重重，最大的关键在于三个人居然都抢着说是自己杀死了武士。

盗贼说自己是在英勇的决斗中（赢的人可以带走武士妻子）杀死了武士，武士妻子则说因为不堪受辱而想寻短（先杀丈夫再自杀，但最后自杀没成功），武士则说是因为妻子最后决定跟盗贼在一起而悲伤地自杀。

事实的真相究竟为何？观众得抽丝剥茧，自己去找出来。

16. 疯狂

以电影《电锯惊魂》为例：

故事发生在一间破败的地下室里，地上有一具躺在血泊里的尸体，他的长相、身份都不明。尸体的两头，分别是亚当和戈登医生，他们的一只脚都被铐了起来。身边各有一只手锯，不足以锯开脚镣，但足以锯断自己的脚。

亚当和戈登医生不知道自己为什么会被绑架到这里来，他们唯一知道的是尸体手上有一台录音机，里面传来绑架者的指令：

绑架者是绰号“竖锯”的精神分裂狂，他下令戈登医生必须在六小时之内杀死亚当，如果任务失败，不仅两个人都会死，戈登医生的家人也会惨遭毒手。

然而眼前唯一逃得出去的方法，似乎就是拿起地上的手锯，疯狂地把自己的脚锯断……

17. 因轻忽而招致损害

以小说《三国演义》里的“大意失荆州”为例：

赤壁之战后，荆州七郡被魏、蜀、吴三家瓜分，其中蜀国镇守荆州三郡的是大将关羽。然而，心高气傲的关羽见魏国军中无大将，于是挥军攻打曹操的所在地许都。

关羽之所以那么放心地攻打魏国，除了魏国无大将之外，原本在一旁虎视眈眈的东吴也出了状况，东吴的大将吕蒙生了重病，目前由年轻且经验值几乎为零的陆逊暂代。哪里知道这是陆逊的阴谋，他先劝吕蒙诈病，再送信给关羽，信中不断

疯狂

不幸的遭遇

援救

灌他甜汤，一下说他英勇无敌，一下又说他天下无双。

关羽看了信，一时被迷昏了头，误以为东吴的小鬼陆逊怕他，所以放心出兵攻打魏国。等到关羽发现中计，率兵赶回来的时候，已经来不及了，蜀国的战略重地“荆州”，就这么轻易地失守了。

更惨的是，赶回来的途中，关羽不幸遭到吴、魏两国的前后夹击，兵败逃到了麦城，最后被吴军俘虏。关羽因为不愿意投降，而被孙权杀了，结束了他传奇的一生。

失去战略重地荆州，折损大将关羽，“大意失荆州”比字面上的意思“因一时疏忽，造成重大损失”，还要严重千百倍啊，因为它几乎注定了原本还有机会一搏的三国争霸赛里，蜀国提前淘汰出局。

18. 不知而犯的恋爱罪恶

以小说《天龙八部》为例：

段誉是个深情的男孩，他的爸爸段正淳则是个花心大萝卜。

还有，段誉出场时，身边时不时就出现美丽的女孩。随着故事慢慢展开，读者慢慢发现所有跟段誉有关系的漂亮女孩，全部都是……他的妹妹。段誉最最最爱的女孩叫王语嫣，她可是段誉用尽心力追来的，眼看有情人就要终成眷属了。这时突然杀出“程咬金”。段誉最心爱的女孩居然是自己的亲妹妹。

故事还没结束，段誉与王语嫣的兄妹血缘关系让人大感“意外”，读者们为此感到心痛万分。

“意外”之后，就是“转弯”了，没想到当年，段誉的母亲刀白凤为了报复花心大萝卜丈夫段正淳，于是故意作践自己，随便跟路边一个肮脏乞丐发生关系，因此怀上了段誉。意思就是……段誉跟神仙姐姐王语嫣还是可以在一起的。

19. 无意中伤害自己所爱

以古龙的小说《绝代双骄》为例：

双胞胎兄弟小鱼儿和花无缺，一出生就被父母的仇敌拆散，仇敌并且设下计谋，要他们兄弟长大后自相残杀。

就这样，两兄弟被不同背景的人收养，长成完全不同性格的人。

小鱼儿：天生资质聪颖，但个性古灵精怪，因为被十大恶人收养，长大之后变成“整人专家”，然而实际上天性善良、个性纯真。

花无缺：从小在移花宫长大，在宫主的刻意调教下，长成为一个风度翩翩的贵公子。表面上温文儒雅，处处为人着想，几乎是个完人，实际上内心无比空虚，充满矛盾。

两兄弟长大之后，被父母的仇敌误导，因此他们两人成为仇人，屡屡进行生死决斗。

20. 为了主义而牺牲自己

以法国的民族英雄“圣女贞德”的故事为例：

1337 年至 1453 年，爆发了英法百年战争，它是世界上持续时间最长的战争之一，长达一百一十六年，少女贞德带领法国军队，对抗入侵的英军，最后被捕，并遭到处决。

然而贞德之所以成为传奇，跟宗教有很大的关系。贞德原是一位农村少女，十六岁那年，自称遇到“圣弥额尔”等三位天使，得到“上帝的启示”，上帝要贞德带兵收复被英国占领的土地。几经转折，贞德真的得到兵权，并且带领法国多次打败英国，然而贞德最后却以异端和女巫罪，被判处火刑，当众被活活烧死。

二十几年后，英法百年战争结束，法国获得最后的胜利，贞德终于获得平反，并在五百年后，被梵蒂冈封为圣人。

21. 为了所爱（骨肉）而牺牲自己

以元朝杂剧《赵氏孤儿》为例：

故事发生在春秋时代的晋国，奸臣屠岸贾陷害忠臣赵盾，赵家三百多人因而被满门抄斩。当时赵盾的孙子赵武刚好出生，为了留下一线希望，赵家的门客——程婴偷偷把婴儿带走。

奸臣屠岸贾找不到婴儿，于是放出消息，三天之内找不到赵家的后代，就要杀了全国的婴儿。于是程婴和友人公孙杵臼想了一个计谋，由程婴去告发公孙杵臼，说赵家婴儿藏在公孙杵臼那儿，最后公孙杵臼和婴儿都被杀了，然而事实上，被杀的是程婴自己的孩子。

也就是为了救赵家的血脉，程婴牺牲了自己的孩子。他还偷偷抚养赵氏孤儿，并且设法让屠岸贾成为孤儿的义父。直到赵氏孤儿长大，背负了一辈子骂名的程婴，这才告诉孩子事实真相，继而展开复仇行动，杀了仇人屠岸贾。

22. 为爱情牺牲一切

以童话之父安徒生的《海的女儿》作为例子：

王子发生船难，美人鱼救了王子，从此爱上王子。为了跟王子在一起，美人鱼用“声音”向巫婆换来了一双脚。但这个交换会有副作用，万一美人鱼最后没有“跟王子结婚”，那她会变成泡沫，啵的一声破掉，然后死去。

为了跟所爱的人在一起，美人鱼不顾后果，但她最后并没有成功地跟王子在一起。临死之前，美人鱼的姐姐用头发向巫婆换来一把尖刀，巫婆说，只要美人鱼肯用尖刀杀死王子，那美人鱼就可以活下来。

但最后，美人鱼选择牺牲自己的性命，成全王子。

就这样，美人鱼最后变成泡沫，啵的一声，破掉，死去。

23. 有原因地牺牲所爱之人

以张爱玲的小说，李安的电影《色·戒》

为例：

女学生王佳芝，被重庆国民政府的情报人员吸收，色诱汪精卫傀儡政权的情报头子易先生。然而在父亲与爱人的双重背叛下，王佳芝的情感起了变化，她对深爱她的情报头子有了复杂的情感。因此，在最后关头，眼看暗杀行动就要成功了，王佳芝却不小心动了真情，放走了易先生。

易先生一逃走，立刻下令封街，反过头来抓了王佳芝和她的同党。最后，碍于情报头子的敏感身份，易先生万分痛苦地亲自下令，杀了自己最爱的女人。

24. 两种不均等的势力斗争

以罗贯中《三国演义》的“赤壁之战”为例：

东汉末年，曹操带领号称“八十万”大军挥兵南下，意图一统天下。占据荆州的刘琮投降后，曹操挥兵追击刘备。迫于形势，处于劣势的刘备为了求生存，与江东的孙权结盟，组成联军。虽然是二打一，但曹操的实际兵力约二十二万，刘备、孙权联军才五万人，双方势力悬殊。

但曹操军队不擅水战，又先后中了周瑜的反间计，以及黄盖的苦肉计，以至于最后被刘备、孙权联军火烧连环船，差点全军覆没。最后，曹军以大败收场，退回北方的襄阳。反观刘备则趁势兴起，这一战奠定了三国鼎立的态势。

赤壁之战是三国最重要的一战，同时也是中国历史上，以少胜多，最著名的战役之一。

“以寡敌众”这样的剧情之所以精彩，在于弱者为了求胜，就必须使出浑身解数，施展各种超越人类智慧极限的计谋，这样的故事，自然异常好看。

25. 通奸（外遇 / 偷情）

以电影《偷心》为例：

简单来讲，就是两男两女，一共四个人的组合，然后利用外遇、偷情的剧情模式，让两两发生关系，$4 \times 3 \div 2 = 6$，总共 6 种组合，但扣掉男男恋、女女恋之后，一共四种组合。电影就利用两男两女，四种排列组合的男女关系，讲了一个不断外遇、偷情的爱情故事。

一开始，关系比较单纯，纯粹就是爱：男作家爱上脱衣舞娘，女摄影师跟男医生结婚。但后来纯爱变质了，这个劈腿，那个外遇：男作家劈腿女摄影师。为了报复，男医生跟脱衣舞娘在一起。最后，想要回到最初的爱，作家跟摄影师分手，回头找脱衣舞娘时，一切都已经回不去了。

26. 恋爱的罪恶

以陈凯歌的电影《霸王别姬》为例：

故事发生在民国初年，两位主角是戏班子里的师兄弟。演“虞姬”的师弟，爱上了演“楚霸王”的师兄，历史上的虞姬爱楚霸王，很合理；但回到现实世界，师弟爱上师兄，男男恋，那就内外冲突不断了。

历史上，楚霸王兵败乌江，虞姬不肯离去，自刎而死。舞台上，师兄弟两人历经了“文化大革命”，最后心里伤痕累累的师弟，同样自刎而死。

27. 发现所爱之人有不名誉的事

以电影《史密斯夫妇》为例：

表面上，史密斯夫妇是一对住在郊区的平凡夫妻，然而私底下，他们各自有一个不能说的秘密，那就是，他们是分属不同公司的顶尖杀手。很不幸地，这两家公司正好是死对头，更不幸的是，某天这对夫妻分别接到一个任务：干掉死对头公司的王牌杀手。

当史密斯夫妇分头各自去执行任务时，万万没想到他们要杀的人居然是自己的另一半。出于好奇，这对夫妻决定拿钱办事，但重点不是杀人，而是考验枕边人的能耐。

明的是枕边甜言蜜语的丈夫对妻子，暗的是刀光剑影的杀手对杀手，简单而有效的设定，就让剧情高潮起伏，一场谍对谍的任务即将展开。

28. 恋爱发生阻碍

以电影《暮光之城》为例：

女孩贝拉和男孩爱德华相爱，但他们的恋爱

出现了阻碍，因为他们是不同族类——人类和吸血鬼。吸血鬼以吸食动物的血液维生，因此吸血鬼爱上人类，很像狮子爱上绵羊，当狮子的爱来到最高点时，就会有忍不住想吃羊的生理冲动。所以当狮子因为爱，控制不住地吻上绵羊时，根本难以分辨那是浓情蜜意，还是血腥吞噬。

29. 爱上自己的仇敌

以莎士比亚的戏剧《罗密欧与朱丽叶》为例：

罗密欧与朱丽叶分别属于蒙太古和卡帕莱特家族，然而这两大家族是世仇，因此他们的恋情遭到很大的阻碍。不止如此，罗密欧还因为意外杀了朱丽叶的表哥而遭到流放。

罗密欧和朱丽叶要在一起，难上加难。

故事最后，为了能跟罗密欧在一起，朱丽叶假装服药自杀，并请人传信息给罗密欧，相约私奔，然而信息传递失败，罗密欧误以为朱丽叶真的死了，因而心碎地服毒自杀。当朱丽叶醒来，发现罗密欧死了，悲伤的朱丽叶，选择跟着罗密欧而去，也跟着自杀了。

30. 野心

以莎士比亚四大悲剧之一《麦克白》为例：

麦克白和班柯两位将军击退叛军，来到一片树丛时，迎面来了三个女巫。第一个女巫叫麦克白“葛莱密斯爵爷”（这没问题，麦克白正是“葛莱密斯爵爷”），第二个女巫叫麦克白“考特爵爷”（这有问题，“考特爵爷”另有其人），第三个女巫叫麦克白“未来的国王”（这问题可大了，麦克白以后会当国王？）。

随后，三个女巫补充道，至于另一位将军班柯不会当国王，但他的子孙会当国王。

当麦克白和班柯还搞不清楚状况时，三个女巫突然消失，紧接着国王的使者出现，带来考特爵爷叛变，被处死的消息。随后，麦克白成了继任的考特爵爷。

第二个女巫的预言居然成真，当麦克白把这件事告诉妻子之后，她立刻怂恿丈夫杀死国王，夺取王位。

如果麦克白毫无野心，那就没事，但麦克白确实有野心，只不过他的野心是隐性的。

但妻子的野心则是显性的，显性的野心召唤了隐性的野心，悲剧就这样诞生了。随后，麦克白杀了国王，成功当上国王，第三个女巫的预言也成真。这让麦克白深信最后一个预言“班柯的子孙会当国王”也会成真，于是为巩固王位，麦克白展开一连串的杀戮……一连串的悲剧，就这样发生了。

31. 人与神的斗争

以英国小说家格雷厄姆·格林的小说《爱情的尽头》为例，故事梗概如下：

一对偷情男女，班德瑞克和莎拉。某次幽会时，班德瑞克被空袭炸弹砸中，当场受了重伤，没了呼吸。莎拉哀痛不已，本能地向上帝祷告，如果祂能让情夫起死回生，她愿意从此离开他。

没想到祷告完，班德瑞克居然缓缓苏醒，莎拉既高兴又痛苦，最后她遵守诺言，离开情夫。

对于莎拉的刻意疏远，班德瑞克完全摸不着头绪，没多久莎拉就因伤寒而死。从莎拉留下来的日记，班德瑞克了解事情的来龙去脉之后，从此正式向上帝宣战。

什么是上帝？在这里，上帝就是“命运”的代名词。就像我们现在正在讨论的剧情模式“人与神的斗争”一样，人与神的斗争，其实就是人与命运的斗争。

32. 错误的忌妒

以莎士比亚四大悲剧之一《奥赛罗》为例，故事是这样的：

奥赛罗是威尼斯的大将军，他爱上了元老的女儿黛缇，黛缇也喜欢奥赛罗，但他们两人的爱并不被祝福，因为他们的肤色不同，奥赛罗是个黑人。

因此，奥赛罗非常没有自信，同时也对黛缇的爱，充满了不信任感。

没有自信是悲剧的源头，但引爆点是奥赛罗提拔自己的朋友卡西欧为副官，此举惹怒了老军官以阿荀。

为了报复奥赛罗的私心，老军官以阿苟设下计谋：让卡西欧和奥赛罗的妻子亲密互动，随后趁机在奥赛罗面前挑拨离间。

没有自信的奥赛罗中计了，忌妒之火熊熊燃烧，奥赛罗误以为自己的妻子黛缇真的跟自己的朋友卡西欧有染。妒火中烧的奥赛罗，气得用棉被闷死妻子。错误的忌妒造成可怕的伤害，当奥赛罗知道这一切都是误会时，羞愧地自杀了。

33. 错误的判断

以罗贯中《三国演义》的“反间计”为例：

曹操率领百万大军南下，想要一举统一中国。

江东大将周瑜率兵和曹操对抗，他的兵马不到曹操的十分之一，但周瑜并不怕，因为他知道北方将士不擅水战；然而，曹操手下有两位精通水战的将领：蔡瑁、张允，这两位将领得先除掉。

这一天，曹操派蒋干前来劝周瑜投降。

周瑜高兴极了，他已经想到一个除掉蔡瑁、

张允的好方法了。

周瑜先设下酒宴招待蒋干，并举起剑说："蒋干先生是我的好朋友，今天我们只谈友情，不谈军情，谁要是敢提军情，就用这把剑杀了他。"

蒋干被周瑜的一番话吓得心惊肉跳，不敢再提劝降的事了。

晚上，周瑜假装喝醉酒，拉着蒋干和他一起睡。

到了深夜，蒋干看周瑜睡得正熟，又看见桌上摆了一堆文件，便偷偷爬起来看。

一看不得了，其中有一封信居然是自己人"蔡瑁、张允"寄来的，蒋干赶紧打开来看。

信上写着："周瑜大将军您好，我们并不是真心投降曹操的，一有机会，我们一定会把曹操的脑袋砍下来，献给将军。"

蒋干大吃一惊，连夜逃回曹营，把信给曹操看。

曹操看完信之后，气得大叫："来人啊，把蔡瑁、张允这两个叛贼给推出去斩了。"

下完令，曹操才想到自己中了"反间计"，但已经来不及了，蔡瑁、张允的人头已经落地了。

34. 悔恨

以电影《蝴蝶效应》为例：

童年时，小男女主角相遇，他们互有好感，但随后却因为小女主角的父亲是个变态，因而造成了一连串的悲剧。

小男孩长大后，拥有特殊能力，他能借由日记回到过去，因此他一次又一次地回到悲剧的原点，试图改变过去，但每修正一个悲剧，日后就不小心生出另一个悲剧。

就这样，男主角先是因为后悔，重回到故事的原点，修改之后，又生出另一个悲剧，他又后悔了，于是再重回另一个故事的原点……后悔、悲剧、后悔、悲剧……不断地恶性循环。

最后，男主角终于找到一切故事的原点，童年的他与小女主角第一次见面，小男孩狠心地对第一次见面的小女孩说："我讨厌你，滚开。"彻底切断他与女孩之间，日后所有的联结，这才终结了所有的悲剧，但与心爱的女孩一辈子无缘，又何尝不是一种悔恨。

35. 亲族的重逢

以电影《中央车站》为例：

女主角朵拉是个在巴西里约热内卢中央车站帮人写信的中年妇女。某天，有个女人带着儿子约书亚来请朵拉帮忙写信给男孩的父亲。

朵拉的父亲生前是个浑蛋，因此她本能地认定约书亚的父亲也是个浑蛋，他早就抛弃他们母子了。

随后，意外发生，约书亚的母亲车祸意外身亡。朵拉将约书亚卖给人蛇集团，然而最后一刻良心发现，朵拉拼了命救出约书亚，但也从此被黑道追杀。

无家可归的朵拉，只好带着约书亚，天涯海角地到处去寻找约书亚的父亲。随着旅程的展开，朵拉也找到了心中那个消失已久的父亲。

电影里有个很妙的设定，那就是约书亚的父亲叫“耶稣”，所以整段旅程其实就是在“寻找耶稣”。电影里，表面上是在寻找小男孩的父亲，其实骨子里是女主角朵拉在寻找自我的救赎。

36. 失去所爱之人

以基耶斯洛夫斯基的电影《蓝白红三部曲之蓝》为例：

故事一开始，女主角茱丽一家发生严重车祸，丈夫和女儿当场丧命，痛苦不已的茱丽自杀失败，从此艰难地展开一个人的生活。

随着丈夫的死亡，一个又一个秘密慢慢揭开。茱丽的丈夫生前是个著名的音乐家，但他的作品有很多是茱丽帮忙操刀的。随后，茱丽发现丈夫生前有外遇，而他外遇的女孩如今怀孕了。

茱丽恨自己的丈夫吗？恨外遇怀孕的女孩吗？

如果丈夫还活着，肯定是恨的。但现在，丈夫死了，女儿也死了。从某一个角度来看，外遇女孩肚子里的孩子其实就是丈夫和女儿的综合体，死去的他们借由另一种形式回来了。最后，茱丽把房子给了外遇女孩肚子里的孩子，从而走出了束缚自己一辈子的家。

图书在版编目（CIP）数据

故事课. 1, 说故事的人最有影响力 / 许荣哲著. —北京：北京联合出版公司, 2018.5

ISBN 978-7-5596-2034-7

Ⅰ. ①故… Ⅱ. ①许… Ⅲ. ①企业管理—市场营销学 Ⅳ. ①F274

中国版本图书馆CIP数据核字（2018）第071034号

著作权合同登记 图字：01-2018-3005号

故事课1：说故事的人最有影响力

作　　者：许荣哲

责任编辑：徐　樟

北京联合出版公司出版

（北京市西城区德外大街83号楼9层　100088）

河北鹏润印刷厂印刷　新华书店经销

字数：105千字　880mm × 1230mm　1/32　印张：8.5

2018年5月第1版　2018年5月第1次印刷

ISBN 978-7-5596-2034-7

定价：46.00元